Nadolig Llawen a
Blwyddyn Newydd Dda
i chi.

Hwel Llwynfy

CYFRES Y CEWRI

CYFRES Y CEWRI 28

Y Dyn 'i Hun

Hywel Gwynfryn

Gwasg
Gwynedd

Argraffiad Cyntaf — Tachwedd 2004

© Hywel Gwynfryn 2004

ISBN 0 86074 205 9

*Cyhoeddwyd ac argraffwyd
gan Wasg Gwynedd, Caernarfon*

GYDA DIOLCH

I

ANJA A'R PLANT

AM EU CEFNOGAETH

AC I

JOHN ROBERTS WILLIAMS

AM Y CYFLE

Gair i ddechrau...

Monsi, How Món a Styles. Dyna fy llysenwau yn yr ysgol. Efo fy nain a fy nhaid ym Monfa, Llangefni yr oeddwn i'n byw pan oeddwn i'n fychan. Dyna esbonio'r How Món a'r Monsi.

Beth am Styles? Ar gae pêl-droed, gallwn wneud pob math o driciau gyda'r bêl – ei chicio dros fy mhen, ei dal yn yr awyr gyda'r naill droed a'r llall, ei chicio'n uchel tra'n rhedeg ac yna'i dal cyn iddi gyffwrdd y llawr. Oedd, roedd gen i dipyn o steil. Un peth *na* fedrwn ei wneud, yn ôl Jim Roberts, fy athro Ymarfer Corff yn Ysgol Gyfun Llangefni, oedd sgorio gôls. O leiaf, ddim efo 'nhraed. Os oedd y bêl yn codi ddwy droedfedd neu fwy o'r ddaear, ro'n i'n fwy tebygol o'i phenio hi heibio i'r gôl-geidwad nag o'i chicio. Cofiaf yn dda, mewn gêm yn erbyn Amlwch, i mi fethu â sgorio gôl hawdd a Jim Roberts yn gweiddi: 'Hywel Gwynfryn Evans!' (Os oedd yr athrawon wedi gwylltio efo fi yn yr ysgol – ac roedd hynny'n digwydd yn weddol amal – mi gawn fy ngalw wrth fy enw llawn.) 'Hywel Gwynfryn Evans! *If you had a head on both your feet, lad, you'd be a good footballer.*'

Ond diflannodd yr Evans pan gychwynnais ar fy ngyrfa fel darlledwr, ddeugain mlynedd yn ôl i eleni. Owen Edwards, cyflwynydd y rhaglen *Heddiw*, oedd yn gyfrifol am ddileu'r enw teuluol. A'i gyfiawnhad? 'Does 'na ddim digon o le yn y *Radio Times* i'r tri enw.' A dyna f'ailfedyddio yn y fan a'r lle yn Hywel Gwynfryn. (Gwynfryn oedd enw fy nhad, gyda llaw.)

'Felly, hunangofiant Hywel Gwynfryn fydd hwn,' meddach chi. 'Y dyn 'na sy ar y radio yn y boreua. Ac ar y teledu hefyd o bryd i'w gilydd. Ond pwy ydio? Faint wyddon ni amdano fo go iawn? Achos mae ganddo fo gymaint o wahanol ochrau ag sydd ganddo fo o enwau.'

Hynny ydi, hunangofiant pwy fydd hwn? Yr Hywel boreol sy'n swnio'n hapus ei fyd, efallai; yr Hywel sy'n cael crwydro o amgylch y byd yn sgwrsio efo pobol, yn cyflwyno cyngherddau a nosweithiau llawen ac yn siarad ar ôl cinio.

Mae'n bosib y buasai hi'n fwy diddorol dwad i 'nabod yr Hywel arall. Yr Hywel hwnnw sy'n briod efo saith o blant, sy'n hapus y rhan fwyaf o'r amser ond sy'n cael y felan a phyliau o iselder fel pawb arall. Sy'n gweiddi ar ei blant yn lle rhesymu efo nhw ac sy'n hapusach yng nghwmni hanner dwsin o'i ffrindiau yn hytrach na llond stafell o bobol. Yr Hywel hwnnw sy'n poeni am ei bwysau, sy'n ddiamynedd.

Y Gwynfryn cyhoeddus neu'r Hywel preifat, felly. Neu dipyn o'r ddau?

Mae 'na stori yn does (mae 'na *wastad* stori, yn does!) am ddyn yn mynd i weld y doctor. Roedd o'n edrych yn drist iawn – wyneb hir, a dagrau yn ei lygaid. 'Be sy'n bod?' gofynnodd y doctor. 'Dwi'n dioddef o iselder ysbryd,' meddai'r dyn. 'Tydi bywyd ddim gwerth ei fyw. Dwi'n meddwl lladd fy hun.' 'Gwrandwch,' meddai'r doctor, 'be 'dach chi'i angen ydi awyrgylch hollol wahanol, a rhywbeth i godi'ch calon chi ac i neud i chi chwerthin.' 'Be 'dach chi'n 'i awgrymu?' gofynnodd y dyn. 'Wel,' meddai'r doctor, 'mae'r syrcas yn y dre, ac mae Grimaldi'r clown yn perfformio yno heno. Pam nad ewch chi i'w weld o?' 'Doctor,' meddai'r dyn, 'y fi *ydi* Grimaldi.'

Mae pob un ohonom yn gwisgo masg weithiau, yn enwedig os ydan ni'n ennill ein tamaid yn gyhoeddus. 'Bore da! 'Dach chi'n gwrando ar Radio Cymru. Dwi'n teimlo'n *arbennig* o dda bore 'ma, diolch yn fawr iawn, ac os 'dach chi'n teimlo hanner cystal â fi yna 'dach chi mewn hwyliau go arbennig, ac yn addas iawn mae'r record gynta 'ma'n dweud y cyfan – Gwenda Owen a 'Gwena dy Wên'.' [Cau'r meic.] 'O! 'mhen i! Sgin rhywun Aspirin?'

Er bod 'na wên yn y llais, does 'na ddim bob amser wên ar yr wyneb.

Gyda llaw, ella eich bod chi wedi sylwi eisoes 'mod i weithiau'n cychwyn i un cyfeiriad ac wedyn yn mynd â chi i gyfeiriad arall. O gofio f'enw i, ac mai'r llythrennau Hg ydi'r symbol cemegol am arian byw *(mercury)*, tydio ddim yn syndod o gwbwl. Ystyr y gair *mercurial* ydi *'liable to sudden unpredictable changes'*. Felly, byddwch yn barod i droi i'r chwith neu i'r dde ar amrantiad yn ystod y daith 'ma. (Ac os awn ni drwy Drawsfynydd, 'newch chi plis f'atgoffa i i arafu? Mae'r plismyn 'ma'n cuddio ym mhobman!)

Ond cychwyn o ble? I ba gyfeiriad dwi am fynd, a sut dwi am fynd ati? Dwi 'rioed wedi sgwennu llyfr o'r blaen! Roeddwn i'n sgwennu sgetshys a geiriau i ganeuon pop pan oeddwn i yn Ysgol Gyfun Llangefni 'nôl yn y pumdegau. Pwy all anghofio perlau llenyddol megis:

> Gwyra dy ben, Tom Dooley,
> Gwyra dy ben i lawr;
> Gwyra dy ben, Tom Dooley,
> Rhaid i ti farw 'nawr.

A beth am:

> Rwy'n hoffi cân aderyn, yn hoffi sŵn y lli,
> Ond gwell gen i y ferch sydd yn fy ngharu i;
> Mi welais ryfeddodau'r byd a chrwydrais yma a thraw,
> Ond gwell gen i y ferch sy'n gafael yn fy llaw.

Dyna nhw mewn print am y tro cyntaf ers 1964 pan wnaeth Derek Boote a finnau eu canu ar raglen deledu *Hob y Deri Dando,* y dydd Sadwrn cyn i mi gychwyn ar fy ngyrfa fel darlledwr ar y rhaglen *Heddiw* fis Hydref y flwyddyn honno. 'Yr Eryr a'r Golomen' i Meic Stevens, 'Penrhyn Llŷn' i John ac Alun, pantomeimiau, sgetshys, rhaglenni radio, *Y dyn nath ddwyn y Dolig, Melltith ar y Nyth.* Ydi, mae'r rhestr gyfan yn reit faith – ac mae 'na lot o wymon yn gymysg â'r gemau. Ond dowch i ni fod yn onest – o'i gymharu â'r hyn dwi wedi'i sgwennu eisoes, mae'r sialens o sgwennu hunangofiant fel rhywun yn ceisio dringo Everest a fynta ddim ond wedi ymarfer ar ysgol. Does gen i ddim ocsigen llenyddol i 'nghynnal i – dyna'r broblem. A dwi allan o wynt yn barod wrth feddwl am y dasg.

Hunangofiant. Cofio'r hunan. Rhestru'n drefnus a chofnodi mor ddiddorol â phosib bopeth sydd wedi digwydd i mi ers fy mhlentyndod? Anodd. Cofio'r hyn ddigwyddodd hanner can mlynedd a mwy yn ôl? Anodd iawn – yn enwedig i rywun fel fi sy'n anghofio lle mae o wedi gadael goriadau'r tŷ o leia unwaith yr wythnos. Ond mi fasa'n *un* ffordd o sgwennu'r hanes. Dechrau yn y dechrau.

Felly, beth am: 'Fy enw llawn i ydi Hywel Gwynfryn Evans ac fe ges i fy ngeni dair blynedd cyn diwedd yr Ail Ryfel Byd yn Ysbyty Dewi Sant, Bangor, ond fel hogyn o dref Llangefni dwi'n cael fy 'nabod achos yno yr es i yn syth o'r ysbyty i fyw efo fy nain a'm taid mewn tŷ oedd y drws nesa i garej bysus Crosville. Roedd 'Nhad yn gapten llong ar y môr...' – ac yn y blaen ac yn y blaen.

Dwn i ddim amdanoch chi ond mi ydw i eisoes wedi colli diddordeb. Sut felly mae cynnal y diddordeb? Dwi angen cynllun anffaeledig! 'Bywyd wedi'i fyw mewn ffordd arwyddocaol – dyna rydych chi'n gobeithio'i gael mewn hunangofiant.' Felly wir. Medda pwy? Wel, Hywel arall – Hywel Teifi Edwards, o lwyfan yr Eisteddfod Genedlaethol yn Nhyddewi ddwy flynedd yn ôl, yn ystod beirniadaeth y Fedal Ryddiaith. 'Mae'r hunangofiant yn benthyg ei hunan yn rhwydd iawn i dwyll a hunan-dwyll, wrth i ni siapio o'r gwahanol hunane sydd ynddon ni yr un hunan y byddwn ni falle yn gobeithio y byddwn ni ar ein hennill o'i gyflwyno fe i sylw'r cyhoedd... Nid casgliad o atgofion yw hunangofiant ac yn sicr nid cronicl. Fe ddylien ni ddisgwyl cael ein difyrru a'n synnu a'n sobri... Pwysicach o lawer na ffaith gywir mewn hunangofiant yw'r ddawn lenyddol *[ocsigen, plis!]* sydd droeon yn eich argyhoeddi chi mai peth felna yw bywyd.'

Petawn i'n bregethwr, fel fy nhaid ers talwm, y cymal y buaswn i'n ei ddewis fel testun o'r adnodau uchod o'r Efengyl-yn-ôl-Teifi fyddai hwn: 'wrth i ni siapio o'r gwahanol hunane sydd ynddon ni yr un hunan y byddwn ni falle yn gobeithio y byddwn ni ar ein hennill o'i gyflwyno i'r cyhoedd.'

Monsi, How Món, Styles, Hywel Evans, Hywel Gwynfryn – dyna'r gwahanol 'hunane'. Cyflwyno'r rhain gan osgoi 'hunan-dwyll, cymhellion peryglus a ffeithiau anghywir' ond ceisio bod yn 'weddol ddifyr' gan 'synnu a sobri' – dyna'r Everest hanner can mil o eiriau! O leia, fe alla i ddychwelyd at ganllawiau Tenzing Teifi os bydda i angen cymorth.

Y cwestiwn cyntaf. Pryd mae'r stori'n dechrau? Yr ateb yn syml ydi ar y trydydd ar ddeg o Orffennaf, 1942.

Dyna pryd y gwnes i berfformio am y tro cyntaf o flaen cynulleidfa ddisgwylgar yn Ysbyty Dewi Sant, Bangor. Yn wir, roedd Mam wedi bod yn disgwyl yn amyneddgar i glywed y sgrech ers naw mis. 'Gwthiwch, Mrs Ifans. Mae o bron iawn yma,' meddai'r fydwraig. Neu o leiaf, dyna mae'n bur debyg ddeudodd hi – a deud y gwir, toeddwn i ddim yn canolbwyntio'n ormodol ar anogaeth y fydwraig nag ar ebychiadau fy Mam chwaith. Roedd gen i fy mhroblemau fy hun ar y pryd, gan i mi benderfynu dwad i mewn i'r byd 'ma gerfydd fy nhraed. Y term meddygol ydi *breach birth*. Yn ôl Geiriadur Bruce a Dafydd Glyn, 'genedigaeth o chwith'. Addas iawn, gan i bethau fynd o chwith yn ystod yr enedigaeth. Collodd fy Mam dipyn go lew o waed, ac fe ddioddefodd o iselder ôl-enedigol am weddill ei hoes, yn ôl un meddyg. Felly, o chwith ac ar fy nhraed, dyma fi'n glanio yn yr hen fyd 'ma. 'Gwnewch y pethau bychain' oedd neges Dewi – y dyn rôth ei enw i'r ysbyty – ond mae'n amlwg na ddaru Mam ddim gwrando gan fy mod i'n horwth naw pwys pedair owns, swnllyd. Do, mi ddechreuais i berfformio'n gynnar iawn.

Ia! Dyna ichi ddechrau'r daith. Dyna lle mae'r stori'n dechrau ond nid dyna lle rydw *i* am ddechrau'r stori. Wedi'r cwbwl, fel y deudodd yr Athro, 'nid cronicl yw hunangofiant.'

1

Pam dwi yma? Dwn i ddim. Ond yma rydw i. Ella 'mod i'n teimlo fod sgwennu'r llyfr yma'n gyfle i ddod o hyd i atebion i gwestiynau sydd wedi bod yn fy mhoeni. Dim ond dau ohonan ni sydd yn yr ystafell. Mae *o*'n darllen llyfr am hanes llongddrylliadau oddi ar arfordir Môn, ac rydw innau'n disgwyl i'r ffeil gyrraedd.

Mae Archifdy Môn dros y ffordd i Gapel Smyrna, Llangefni, lle'r oedd 'Nhad yn ddiacon, Mam yn organyddes, a finnau'n adrodd llawer gormod o adnodau yn y sêt fawr bob nos Sul. Dwi 'di meddwl dwad yma droeon. Yn wir, dwi'n cofio i mi ddwad yr holl ffordd i Langefni unwaith, parcio'r car, ac yna newid fy meddwl a gyrru'n ôl i Brestatyn lle'r oeddwn i'n byw ar y pryd. Heddiw, dwi yma, yn eistedd tu ôl i'r bwrdd hir, yn disgwyl i'r ffeil gyrraedd, yn chwilio am atebion.

Mae rhai o'r cwestiynau wedi'u hateb. Dwi'n gwybod pryd, sut a lle – ond *pam*? Dyna'r un cwestiwn sy'n aros am ateb dair blynedd ar hugain yn ddiweddarach. Mae'r dyn oedd yn archwilio hanes llongddrylliadau yn gadael ac mae'r ffeil yn cyrraedd – Ffeil 1178, *North Wales Police Inquest, May 17th.* Tu mewn, y ffeithiau moel. *'I hereby give notice that the body of Gwynfryn Evans, age 71 years, is now lying dead at the mortuary.'* Ailddarllen *'lying dead at the mortuary.'* Mab y crydd o Gydweli, capten llong, clerc yn y Gwaith Dŵr, ysgrifennydd y capel, diacon, cefnogwr Llanelli, casglwr stampiau, un o sylfaenwyr y Theatr Fach, disgyblwr llym, un byr ei dymer, gŵr a thad – *'lying dead at the mortuary.'* Mae'n anodd meddwl am fy nhad yn gorwedd heb symud, a fynta ar fynd trwy'r amser, o fore gwyn tan nos.

Er bod gen i bob hawl i ddarllen cynnwys y ffeil, dwi'n teimlo na ddyliwn i ddim. (Fe ges i'r un teimlad ar ôl i Mam farw ddeng mlynedd yn ddiweddarach, a finnau'n gorfod mynd yn ôl i Langefni i wagio'r tŷ – teimlad 'mod i'n busnesu ym mywydau pobol eraill heb ganiatâd, yn gymysg â'r ofn o ddarganfod rhywbeth amdani na wyddwn i ddim o'r blaen.)

O leia'r tro yma rydw i'n gwybod beth i'w ddisgwyl, ac mae'r ffeil yn cadarnhau hynny – *'a suicide in a garage.'* Yn ôl y ffeil, *'Mr Evans retired to bed as usual'* y noson cynt. *'Mrs Evans joined him at 2 a.m.'* Cysgwr sâl fuodd Mam erioed. Roedd ganddi ofn y tywyllwch, ac wrth gwrs roedd hithau fel 'Nhad yn dioddef o iselder ysbryd. Bob nos mi fyddai'n eistedd o flaen tanllwyth o dân yn ail a thrydydd ddarllen y *Daily Post* (ac mae'n rhaid i chi fod yn teimlo'n isel iawn i ddarllen 'Dail y Post' fwy nag unwaith), neu'n sgwennu llythyrau i ffrindiau agos fel Anti Gwyneth. Unrhyw beth fyddai'n ei chadw hi lawr grisia', ac o'r gwely.

Yn ôl y ffeil, am ddeng munud i naw fore trannoeth fe dderbyniwyd galwad ffôn yn Swyddfa'r Heddlu yn Llangefni yn dweud bod fy nhad wedi'i ladd ei hun. Mi oedd o'n godwr cynnar, yn yr ardd weithiau am chwech o'r gloch y bore. Ond y bore hwn mae o i fyny am bump, heb ddeffro Mam, yn gwisgo, nôl mẁg o'r gegin, rhoi 'chydig o ddŵr yn 'i waelod, gwneud yn siŵr fod y

15

tabledi wrth law, ac allan trwy'r drws ffrynt. Cau'r drws gwyrdd yn dawel, edrych i'r chwith i gyfeiriad Talwrn, i'r dde i gyfeiriad y Graig Fawr, croesi'r lôn a mynd am y garej. Mae hi'n hanner awr wedi pump. Mae Bron y Felin yn cysgu. Yn araf, mae o'n rhoi'r agoriad yn nrws y garej, yn ei agor, yn ei gau. Yna'n clymu darn o raff o ddrws y garej i ddrws y car rhag i neb ddwad i mewn. Ar ôl tanio'r injan a chymryd mwy o dabledi mae o'n gorwedd ar y llawr oer – *'his head was under the exhaust pipe'* – er mwyn i'r nwyon carbon monocsid wneud eu gwaith. Popeth wedi'i gwblhau mor drefnus â chyfrifon y capel.

Am faint buodd o'n gorwedd yno? Beth oedd yn mynd trwy'i feddwl wrth yfed y coctel marwol o Parstelin a Panadol? Pam oedd o yno o gwbwl? Mae'n siŵr fod Constable 64 wedi gofyn y cwestiynau yna hefyd pan welodd o *'a man lying on his back on the floor of the private garage. The car engine was warm, and there was a strong smell of fumes.'* Dwi'n darllen y geiriau heb deimlo unrhyw emosiwn. Yn wir, dwi ddim yn credu 'mod i wedi galaru ar ôl marwolaeth fy nhad. Mam ydw i'n ei cholli. Pam? Efallai mai oherwydd 'mod i'n teimlo'n euog na wnes i fwy i'w helpu hi pan oedd hi angen cymorth, a rwan mae hi'n rhy hwyr.

Roedd gen i ofn fy nhad pan oeddwn i'n hogyn. Roedd o'n gweiddi ar Mam, ac arna' innau hefyd. Dwi'n cofio iddo fo afael yndda'i unwaith yn nhŷ Nain, fy ngosod ar draws ei lin a rhoi chwip din i mi efo strap lledar nes oeddwn i'n beichio crio. Roedd Mam a fo'n dadlau byth a hefyd, a finnau dan y gobennydd yn trio mynd i gysgu. Weithiau fe fyddwn i'n codi ac yn eistedd ar ben y grisiau yn gwrando arnyn nhw wrthi fel ci a chath. Ymladd geiriol oedd o. Byth yn gorfforol. 'Nhad yn edliw i Mam yr holl gariadon fuodd ganddi cyn iddyn nhw briodi. Hithau'n deud y dylia hi fod wedi gwrando ar ei mam a phriodi un ohonyn nhw, ac yn y blaen ac yn y blaen.Yn y pendraw, fe fyddwn i'n mynd lawr i'r stafell fyw i geisio gwahanu'r ddau. 'Nhad wedyn yn codi, yn troi ac yn saethu un fwled arall i gyfeiriad Mam, cyn cau'r drws yn glep a mynd i'w wely. A dyna'r gêm ar ben am noson arall…

[Miwsig] *Croeso i'r gêm deuluol Y GAIR OLA. Y gamp ydi gweiddi enwau cas ar eich gilydd. Yr enillydd ydi'r un sy'n medru gneud i'r llall grio, a chael* [miwsig] *Y GAIR OLA. Y cystadleuwyr heno ydi Lowri a Gwynfryn Evans, 20 Bron y Felin, Llangefni. Mae Gwynfryn yn dod o Gydweli'n wreiddiol, wedi'i eni yn 10 Bridge Street. Ei dad, David wedi treulio blynyddoedd ym Mhatagonia; ei frawd, Islwyn yn arwain Côr y Castellwyr. Mae o'n mwynhau casglu stampiau a darllen llyfrau hanes a mynd i'r capel. Mae ei wraig, Lowri yn enedigol o Felin Fadryn yn Llŷn. Mae hi'n mwynhau sgwennu cerddi ac emynau, ac ar un adeg roedd hi'n actio ar y radio. Mae eu hunig blentyn, Hywel wedi actio dipyn ar y radio hefyd, ac yn gobeithio mynd i'r Coleg Cerdd a Drama yng Nghaerdydd er mwyn mynd yn athro Drama. Mae o'n mwynhau chwarae'r gitâr ac yn hoffi caneuon Lonnie Donegan a Neil Sedaka. Mae gan Gwynfryn a Lowri flynyddoedd o brofiad o weiddi ar ei gilydd, felly fe ddylia hi fod yn gystadleuaeth dda. Hywel sy'n cadw'r sgôr, a fo fydd yn penderfynu pwy sydd wedi cael Y GAIR OLA…'*

Yn y ffeil, Mam sy'n cael y gair ola. '*Ever since he retired, he has been suffering from bouts of depression, and had been treated for it.'* Ai dyna'r rheswm pam y teimlodd o mai'r unig ffordd i ddianc o grafangau'r iselder oedd drwy hunanladdiad? Tra oedd o'n gweithio fel clerc i'r Cyngor roedd o'n medru gadael y tŷ ben bora, gadael Mam ar ei phen ei hun drwy'r dydd a gwisgo'i wên ar gyfer ei gydweithwyr yn y swyddfa. Yna, ar ôl dychwelyd gyda'r nos, diosg y wên a chael rhywbeth i'w fwyta, byddai allan unwaith eto yn rhannu amlenni Cymorth Cristnogol neu daflenni'r Capel, neu mewn rhyw bwyllgor neu'i gilydd. Unrhyw esgus i beidio bod adra yng nghwmni Mam.

Ond ar ôl ymddeol roedd o adra drwy'r dydd, ac roedd Mam yn mynd yn fwy dibynnol arno fo. Fyddai hi byth yn mynd i siopa ei hun os gallai hi berswadio 'Nhad i fynd yn ei lle, ac fel cyn-actores roedd hi'n un dda iawn am berswadio.

Ar y dudalen olaf, mae dyfarniad y patholegydd: *'Anoxia, due to monoxide poisoning.'*

Ond mae 'na un darn o bapur ar ôl yn y ffeil – efo sgrifen 'Nhad arno. Y nodyn a adawyd ar y bwrdd bach pren wrth y drws ffrynt y bore hwnnw o Fai, 1979.

Dwi'n ei ddarllen o rwan am y tro cyntaf:

> 'Dear Low. Sorry it had to end like this. You did your very best for me. Does dim blas ar ddim. *I did love you. Remember me to the boy.* Angladd yng nghapel y fynwent a Mair yn chwarae. *Love, G* x

Dwi'n ei ddarllen drosodd a throsodd – brawddeg Gymraeg, brawddeg Saesneg. Roeddan ni'n defnyddio'r ddwy iaith yn y tŷ, oherwydd nad oedd 'Nhad mor gartrefol yn y Gymraeg ag oedd o yn y Saesneg. *'You did your very best for me... I did love you'*.

'I did', nid *'I do'*. Oedd o'n dal i'w charu? Wnaeth o'i charu hi erioed? 'Angladd yn y fynwent a Mair yn chwarae'. Mair Plymar – ffrind agos i Mam. Adnod fawr fy Mam oedd yr un am fynd 'y filltir arall'. Dynes y filltir ychwanegol oedd Mair.

Dwi'n cau'r ffeil, yn mynd â hi yn ôl at y ddesg ac yn gadael.

Ar hyd y ffordd yn y car, dwi'n clywed ei lais yn ailadrodd un frawddeg drosodd a throsodd fel tiwn gron: *'Remember me to the boy – remember me to the boy – remember me...'* Dwi'n teimlo'n flin. Pam na fasa fo wedi sgwennu: 'Cofia fi at Hyw'? Neu 'Bozo'? Dyna oedd o'n fy ngalw fi pan oeddwn i'n hogyn. 'Bozo' – enw anwes. *'Boy'* – enw ar *deck hand*. Un arall o orchmynion y Capten i'w griw? 'Angladd yn y fynwent, Mair yn chwarae... *oh yes, and remember me to the boy.' Yes, Sir! Captain, Sir!*

Dwi'n gwybod na ddyliwn i ddim teimlo fel hyn. Ond mi ydw i – a dyna fo. Dwi'n wyllt gacwn. 'Duw biau edau bywyd, a'r hawl i fesur ei hyd.' Naci wir! 'Nhad benderfynodd beth oedd hyd ei edau o, a phan oedd o wedi cael digon, fe'i torrodd hi.

Tydw i erioed wedi gyrru car mor gyflym trwy'r dre. I lawr Field Street, troi i'r chwith ...*remember me to the boy...* Heibio'r fynedfa i'r Dingle, heibio'r tro am Rosmeirch ...*remember me to the boy...* Trwy Faeshyfryd. Parcio'r car ar y dde, allan o'r car a chlep i'r drws mor galed ac y medra i.

Mae mynwent Llangefni yn ymyl Cae Reis, wrth odre'r Graig Fawr lle byddwn i'n chwarae pêl-droed yn blentyn. Ac ar y dde, yng nghanol y fynwent, mae'r garreg fedd o farmor du.

Dwi'n eistedd i lawr ar y bedd yr ochor arall i'r llwybr. 'I goffáu'n dyner am Gwynfryn Evans, Y Garreg Lwyd, priod annwyl a thad hoff Hywel Gwynfryn, yr hwn a hunodd Mai 17, 1979 yn 71 mlwydd oed. Angorfa dawel sydd it mwy, mewn hafan deg ddi-storm, ddi-glwy. Hefyd Lowri, a hunodd Ebrill 3, 1989 yn 74 mlwydd oed. Mam annwyl a nain garedig.'

Mae hi'n ddiwrnod braf, ac yn nhawelwch y fynwent rydw innau wedi ymdawelu ychydig. Mae'r haul tu cefn i mi ac mi welaf fy nghysgod yn y marmor. Am eiliad, rydan ni'n tri hefo'n gilydd unwaith eto.

2

Fe'm rhwygwyd i, un noson ddu,
Mewn gwaed o groth fy mam.

Wel, ddim yn hollol. Nid ar noson ddu ond ar bnawn dydd Llun y ces i fy ngeni, ond mae'r ffeithiau eraill yn y cwpled yna'n berffaith gywir. Cwpled ydi hi o un o ganeuon opera roc a ysgrifennwyd gan Endaf Emlyn a finnau 'nôl yn nechrau'r saithdegau, ddeng mlynedd ar hugain ar ôl i mi lithro'n waedlyd i'r byd o groth fy Mam yn Ysbyty Dewi Sant.

Un o ganeuon Efnisien ydi hi:

Fi yw Efnisien,
Fe gewch chi wybod pam;
Fe'm rhwygwyd i, un noson ddu,
Mewn gwaed o groth fy mam.
Fi yw Efnisien, y cur tu mewn i'r pen,
Yr hunlle yn lle breuddwyd,
Y pry tu mewn i'r pren.

Roeddwn i'n edrych ar y cynhyrchiad du a gwyn o'r sioe y noson o'r blaen: *Melltith ar y Nyth*, gyda Dafydd Hywel, Dewi Pws, Robin Gruffydd a Gillian Elisa yn chwarae rhannau Efnisien, Matholwch, Bendigeidfran a Branwen. Endaf Emlyn gyfansoddodd y gerddoriaeth a finnau'r geiriau. (Roedd Endaf a finnau wedi treulio cyfnod yn y coleg hefo'n gilydd. Yn wir, fe ddaru ni dreulio cyfnod byr yn y *gwely* hefo'n gilydd mewn fflat yn Sblot – dwi'n prysuro i ddweud mai oherwydd prinder gwlâu a gormod o gyrff y digwyddodd hynny. Ond mwy am hynny eto!)

Y cynhyrchydd oedd Rhydderch Jones – ffrind mawr Ryan, cydawdur *Fo a Fe*, a Dylan Thomas *lookalike*. Dyn annwyl a hoffus dros ben oedd Rhydderch, a phetai ganddo fo wrth law yr un dechnoleg bryd hynny ag oedd gan gyfarwyddwr *Lord of the Rings*, yna fyddai'r cynhyrchiad ddim wedi edrych mor brennaidd. Prennaidd a barfog. Roedd pob aelod o'r cast yn gwisgo barf ar wahân i Branwen a Phair y Dadeni. Roeddwn i'n awyddus i ddiweddaru'r stori a chael Matholwch mewn lledr a denim fel James Dean; Branwen fel Olivia Newton John yn *Grease*; Efnisien mor orffwyll â Jack Nicholson yn *The Shining*, a Bendigeidfran mewn pâr o deits glas, clogyn coch a chrys-T melyn efo'r geiriau SIWPYRBENDI arno mewn llythrennau oedd yn goleuo. Fedra i ddim ailadrodd union eiriau Rhydderch wrth ymateb i'r awgrym, ond fe wnaeth o ddeud wrtha i lle dyliwn i fynd – mewn dau air!

CUT! Gawn ni fynd yn ôl i'r olygfa gynta? Reit! *STANBY*! ACT UN, GOLYGFA UN. YSBYTY DEWI SANT BANGOR, 1942 – *ACTION!*

1942. Blwyddyn ddiddorol. Fis cyn i mi gael fy ngeni, daeth Rudolph Hess yn garcharor i Ysbyty Maindiff Court yn y Fenni, ysbyty i garcharorion rhyfel lle'r oedd Gwyn Erfyl yn gweithio ar y pryd. Ymddangosodd trolibysiau ar strydoedd Caerdydd; ddwy flynedd ar hugain yn ddiweddarach, fe gawn i'r pleser o deithio ar y trolis a finnau erbyn hynny'n fyfyriwr yn y Coleg Cerdd a Drama. Yn 1942, ar orchymyn y llywodraeth, doedd neb i gael bath mewn mwy na phum modfedd o ddŵr. Os yn bosib, dylid rhannu dŵr y bath a pheidio â defnyddio mwy nag un bar o sebon y mis, oni bai eich bod chi'n löwr. Ar wahân i sebon, roedd llafnau siafio wedi'u dogni hefyd a'r cyfarwyddyd gan y llywodraeth oedd hyn: 'Rhowch fin ar hen lafnau drwy eu rhwbio ar du mewn gwydyr yn llawn o ddŵr. A chwi ferched, gan fod minlliw mor brin, beth am ddefnyddio sudd bîtrwt yn lle minlliw, a pharddu yn lle mascara? A chofiwch, gallwch bob amser rwbio grefi browning ar eich coesau i roi'r argraff eich bod yn gwisgo neilons, ac yna tynnu llinell gyda phensel ar hyd cefn y goes i edrych fel *seam*…'

Oedd, roedd hi'n gyfnod y rations, a'r papurau'n llawn o hysbysebion i godi calon unrhyw fam ifanc ddibrofiad. 'Newyddion da! Fe fyddwch yn gallu prynu wyau powdwr yn y siop lle'r ydych fel arfer yn prynu wyau go iawn. Mae pob tun yn gyfystyr â dwsin o wyau, ac yn costio swllt a naw. Maent yn llawn maeth. Ac at boen stumog y babi [pan fydd Hwal bach yn crio yn y nos] yr ateb yw Dinneford's Pure Fruit Magnesia.'

Tydw i ddim yn cofio llyncu hwnnw, ond mae deud y gair asiffeta yn gneud i 'ngwyneb i grebachu fel prwnsan. Hwn oedd yr aflwydd a gawn i gan fy nain at bob peth. 'Tasa gynnon ni gar ar y pryd, synnwn i ddim na fasan ni wedi gallu'i ddefnyddio fel *antifreeze* yn y gaeaf. Yn sicir, roedd llwyaid o'r hylif diafolaidd yn ddigon i neud i chi fod eisiau rhegi fel Mr Picton.

Florence Nightingale y triniaethau naturiol oedd Nain. Penddüyn (neu 'ben dyn' i ni) ar eich gwegil? Powltis bara. Cwlffyn o fara gwyn fel stepan drws, wedi'i socian mewn dŵr berwedig nes oedd o'n bast llwydaidd oedd hwnnw. Byddai Nain yn ei daenu ar fandej a'i glymu'n dynn o amgylch fy ngwddw fel coler ficer wedi gwisgo. Y fannod? Socian papur brown mewn finag a'i osod ar glustog y gwely, a gorwedd efo'ch boch ar y glustog. Roedd eich boch yn llosgi gymaint nes peri i chi anghofio am y fannod.

Doedd 'na ddim sôn am enedigaeth 'Hywel, mab i Lowri a Gwynfryn Evans' yn *Y Cymro* yr wythnos wedyn, ond roedd 'na sôn am y sefydliad a fyddai ymhen hir a hwyr yn fy nghyflogi. 'Cryfder y radio yw ei fod yn cyrraedd bron pawb. Y mae hyd yn oed y bwthyn anghysbell, sydd yn rhy bell i bapur newydd a sinema, o fewn cyrraedd y radio. Gwasanaethodd y newyddion Cymraeg yr iaith drwy greu geiriau newydd am dermau diweddar megis "cyrch awyr" am *bombing raid*.'

Dipyn go lew o flynyddoedd ar ôl hynny, cyflwynwyd gair newydd arall i'n hiaith – 'hysbýs'! Roeddwn i'n defnyddio'r gair hwnnw yn nyddiau cynnar *Helo Sut 'Dach Chi*, y rhaglen bop Gymraeg gyntaf erioed i'w darlledu ar y radio. Gair oedd yn anathema llwyr i'r Doctor Iorwerth Peate yn ei gaer hynafol yn Sain Ffagan. Fe'm cyhuddwyd ganddo mewn erthygl yn *Y Faner* o lygru'r iaith Gymraeg a chyfrannu at ei thranc – trwy fathu gair mor ddinod â 'hysbýs'. Ychwanegodd ar ddiwedd ei erthygl: 'Ond dyna ni, 'Hysbys y dengys pob dyn / O ba radd y bo'i wreiddyn.' Mae'n rhaid i mi ddeud fy mod i wedi gwenu a sibrwd '*Rock on, Iorwerth*' ar ôl darllen y sylw bachog yna.

Ond yn ôl â ni at y gwreiddyn. Gorffennaf y trydydd ar ddeg. Dyddiad diddorol. Ar y dyddiad yma y bu farw

Schoenberg, Oliver Cromwell, y Bardd Cwsg a Billy the Kid. Fe anwyd Iestyn Garlick, Rosfa'r Consurwr a'r cyflwynydd Siân Thomas (sydd wedi addo talu decpunt i mi am ychwanegu 'ond nid yn 1942'!), ac fe goncrodd Edward Whymper y Matterhorn. Ac ar yr union ddiwrnod a'r union flwyddyn ag y ces i fy ngeni, fe anwyd babi yn Chicago, Illinois i Mrs Ford, a'i fedyddio'n Harrison. Ydan, mae Indiana a fi yr un oedran – ond yn anffodus dyna'r unig beth sydd ganddon ni'n dau yn gyffredin. Ar wahân, efallai, i'r ffaith fod y ward yn Ysbyty Gwynedd fel y *Temple of Doom* ar y diwrnod hanesyddol hwnnw, gan fod Mam, fel y daru hi gyfaddef i mi flynyddoedd yn ddiweddarach, wedi sgrechian nerth ei phen fwy nag unwaith: 'Byth eto'.

Ac yn wir, felly y bu. Unig blentyn ydw i. Mi faswn i wedi hoffi cael brawd neu chwaer gan fy mod i'n teimlo ar adegau fod unig blentyn yn blentyn unig. Ac mae teimladau felna'n nodweddu pobol sydd wedi'u geni dan yr arwydd Canser. Rydan ni i fod yn bobol sensitif iawn ac yn dueddol i guddio'n gwir deimladau.

Dyna fasa Madam Sera wedi'i ddeud amdana i. Am flynyddoedd fe fu'r anfarwol Magi Glen, dan gochl Madam Sera, yn darllen arwyddion y sidydd yn wythnosol ar y rhaglen *Helo Bobol*:

'Hwal bach! Dowch i ni weld be ma'r hen sêr 'ma'n i ddeud wrthon ni'r wythnos yma... Wel, Hwal bach, os oes 'na rywun yn gwrando bora 'ma isio rhannu cyfrinach, efo *chi* ddylian nhw neud hynny achos fasa Canserian *byth* yn datgelu'r gyfrinach. Wedyn, taswn i'n cal yr awydd (ac mi *fydda* i o bryd i'w gilydd) i ga'l noson ramantus efo pryd o fwyd am ddim, choclets, bloda, a dipyn o 'we-hey-

hey' wedyn – 'dach chi'n *dallt*, tydach Hwal? – wel, y *chi* faswn i'n ffonio. Pam? Achos ma pobol Cansar yn *ofnadwy* o ramantus, Hwal bach. 'Dach chi fatha ryw choclet eggs – rêl hen sofftis!'

Pa nodweddion eraill sydd 'na? 'Mae Canseriaid angen cefnogaeth ac anogaeth yn wastadol.' Ydw. Yn enwedig pan mae 'na fwy nag un sosban gyfryngol yn berwi ar y tân yr un pryd. Mae 'na dueddiad ar adegau felly i weiddi'n dawel bach: 'Fedra i byth neud hyn i gyd.' Felna dwi'n teimlo'r funud 'ma. Dyma fi'n ddiwrnod oed yn Ysbyty Dewi Sant, ac mewn llai na blwyddyn o sgwennu mae'n rhaid i mi heneiddio drigain mlynedd! Ond, wrth lwc, mi a briodais wraig – ac fel y gwyddoch chi, tu ôl i bob dyn da mae 'na ddynas well. Yn fy achos i, Anja fy ngwraig ydi honno. Wastad yno, yn gyson gefnogol. Hi 'di'r llef ddistaw fain sy'n sibrwd: 'Medri, mi fedri di.' Pisces ydi Anja, gyda llaw. Y pysgodyn a'r cranc. 'Sdim rhyfedd ein bod ni'n dau fel un.

Ar y diwrnod y ces i fy ngeni, doedd 'Nhad ddim yn medru bod yno i afael yn llaw Mam. Roedd o ar fwrdd rhyw dancer olew yn rhywle rhwng y Dwyrain Canol a'r Dwyrain Pell. Yn wir, roeddwn i'n ddyflwydd cyn iddo fo weld ei etifedd am y tro cyntaf yn nhŷ Taid a Nain yn Llangefni. Yno y bues i'n byw am flynyddoedd cyntaf fy mywyd, a dyna'r cof cyntaf sydd gen i – gweld 'Nhad yn sefyll yn nrws stafell ganol Monfa yn ei wisg llongwr. Crys gwyn, tei du, trowsus du, siaced ddybl-brested. Mae o'n tynnu'r cap *Merchant Navy* oddi ar ei ben ac yn ei luchio fo ar y bwrdd mahogani sgwâr yng nghanol y stafell, ac mae'r weiren aur ac arian yn y bathodyn ar flaen y cap i'w weld yn glir – ac yn gliriach fel y mae'r cap yn sglefrio tuag ata i cyn stopio o flaen fy nhrwyn.

Gan mai un o Gydweli, Sir Gaerfyrddin oedd fy nhad, mae gwaed Cwm Gwendraeth yn cwrso trwy fy ngwythiennau i. Dwi'n Gòg ac yn Hwntw, yn gymysg oll i gyd. Cawl a lobsgows. O ran diddordeb i'r rheiny yn eich mysg sy'n dilyn y bêl hirgron, un o'i gyd-ddisgyblion yn y Llanelli Intermediate oedd Watkin Thomas, a ddaeth yn gapten tîm rygbi Cymru a llwyddo i ennill yn erbyn Lloegr am y tro cyntaf yn Twickenham.

Aeth 'Nhad i'r môr yn un ar bymtheg oed, a naw mlynedd yn ddiweddarach enillodd ei Docyn Meistr ar ôl mordeithiau i Naples a Buenos Aires. Treuliodd y rhyfel ar danceri olew yn hwylio i'r Dwyrain Pell. Dwi'n ei gofio'n adrodd stori amdano yn Lerpwl, ar ôl docio ac ar fin gadael y llong am ychydig o *shore leave*, pan gafodd hi ei tharo gan fom. Roedd o ar y bont ar y pryd, ac fe welodd y llawr haearn yn cael ei rwygo – 'fel petai rhywun wedi defnyddio *can-opener*.'

Ar ddiwedd y rhyfel roedd gwaith yn brin, ac fe aeth ati i werthu yswiriant am gyfnod cyn ymuno ag Adran Ddŵr Cyngor Sir Môn. Fuodd o erioed yn hapus yn ei waith. Dyna pam roedd o'n gwneud cymaint efo'r Theatr Fach a'r capel a Chymorth Cristnogol. Doedd y swydd naw tan bump ddim yn ddigon o sialens iddo fo. Teimlodd ar hyd ei oes y gallai fod wedi gwneud yn well iddo'i hun, ac yn sicr roedd o'n credu fy mod i wedi cael y lwc na ddaeth i'w ran o. Pwysleisiai hynny'n aml mewn sgyrsiau, a byddai'n edliw'n fynych i Mam fy mod i 'off yn ffilmio 'to' – fel petai o'n eiddigeddus ohonof.

Roeddwn i wrth fy modd yn nhŷ Nain. Mae gen i

atgofion melys iawn o'r lle. Dynes fechan, gwallt gwyn, bob amser yn brysur, brysur oedd fy nain, tra bod fy nhaid yn glamp o ddyn mawr efo mwstash gwyn o dan ei drwyn, a'r mwstash hwnnw wedi dechra troi'n frown fel 'tasa fo'n gwywo o effaith mwg y bibell a'r sigaréts yr oedd o'n eu smocio pan oedd o'n ifanc. Mab y felin, Felin Fadryn yn Llŷn oedd Taid, ond fel Wilias Monfa – neu Wilias Oswestry – roedd o'n cael ei 'nabod. Fe aeth ei frawd i Groesoswallt i agor busnes cigydd, a Taid wedyn yn crwydro ffermydd a thyddynnod Môn yn prynu buchod – ac yn taro bargen galed hefyd, yn ôl pob sôn – cyn trycio'r buchod yn Llangefni a'u hanfon ar y trên i Groesoswallt.

Mae meddwl am Monfa yn codi hiraeth arna i am ddyddiau plentyndod. Dwi'n gwybod 'mod i'n berson rhamantus a theimladwy. Yn wir, pan oedd Cilla Black yn rhoi syrpreisus i bobol ar ei sioe ers talwm fe fyddwn yn fy nagrau, yn enwedig ar ôl iddi hi ddeud: "Dach chi heb weld eich gŵr ers deng mlynedd ar hugain, pan ddaru o ddianc i Australia. Wel, *chuck*, syrpreis, syrpreis, 'dan ni wedi hedfan yr hen ddiawl dan din yn ôl, er mwyn iddo fo gael bod yma efo chi heno. Dowch i mewn, Archie Jones...'

Fe rown i'r byd am gael teithio'n ôl mewn amser a chael ail-fyw fy mhlentyndod yn Monfa a Llangefni. Ac os ydw i'n teimlo fod gwaith a bywyd, a defnyddio'r ieithwedd fodern, yn 'rhy gormod' ar brydiau, y cyfan sy'n rhaid imi wneud ydi cau fy llygaid a dwi'n ôl yno, yn eistedd ar y wal y tu allan i'r tŷ.

Unwaith y bydda i'n ôl, yr hyn fydda i'n hoffi'i wneud fydd mynd o stafell i stafell ac ail-fyw'r atgofion. Mae lloriau'r gegin a'r pantri'n garreg lwyd, a'r waliau wedi'u peintio efo distemper pinc.Yn crogi o do'r pantri mae 'na hams wedi'u halltu a'u gwisgo'n ddel mewn crysau mwslin. Tu allan i ddrws y pantri, ar y chwith, mae 'na gwpwrdd pîn, ac yn un o ddroriau'r cwpwrdd y gwelais i'r bocs coch a'r gath ddu pan oeddwn i tua deuddeg oed. Pecyn sigaréts oedd y bocs coch efo'r gath ddu ar ei du blaen – pecyn o sigaréts Craven A a'r rheini'n frychau brown drostynt gan eu bod nhw wedi ymgartrefu yn y drôr ers blynyddoedd ac wedi tampio. Ond tamp neu beidio, roedd y demtasiwn yn ormod ac yn llechwraidd iawn mi es i â'r gath ddu am dro i'r cwt glo tu allan. Ac yn nhywyllwch a thawelwch y cwt dyma danio, a sugno, a smocio fy sigarét gyntaf erioed.

Yn anffodus i mi, fe wnes i fwynhau'r profiad ac fe fues i'n smociwr di-stop am y deugain mlynedd nesa fwy neu lai, nes i mi roi'r gorau iddi hi ym 1982. Turf, Woodbine, Gold Flake, Strand, Players, Senior Service, Golden Virginia, Old Holborn – eu henwau'n perarogli sydd. Ond smociwr Embassy oeddwn i mewn gwirionedd, neu mewn gwiriondeb. Ymhell cyn i Embassy roi arian i gefnogi snwcer, roeddwn i'n snwcyrd yn laslanc tu ôl i frown y nicotîn o'u sigaréts nhw, fy mysedd yn felyn a haen o ddu ar binc f'ysgyfaint. Ond wyddoch chi be? Roeddwn i'n mwynhau smôc, yn enwedig ar ôl paned neu bryd o fwyd. Ac weithiau, hyd yn oed heddiw, pan wela i rywun yn tanio ac yn tynnu'n araf ar sigarét, neu pan mae smociwr yn chwythu mwg i 'nghyfeiriad i, dwi'n cael yr awydd am un eto. Ond, chwadal Caryl yn un o'i chaneuon, 'un yn ormod' fasa hi.

Arferai'r diweddar Ifan Wyn Williams adrodd stori am

ei dad, mewn priodas, yn cael cynnig sigâr i ddathlu'r achlysur a fynta wedi rhoi'r gorau iddi hi ers blynyddoedd. Yn y diwedd fe fu'r pwysau'n ormod, ac fe daniodd. Ar ôl i fwg y pwl cyntaf daro gwaelod ei ysgyfaint, meddai â gwên foddhaus ar ei wyneb: 'Wyddoch chi be, dwi 'di bod yn edrach ymlaen at y sigâr yma ers deugain mlynedd'! Na – tydi'r awydd byth yn diflannu'n llwyr, ac mae chwedl y sigâr yn rhybudd inni i gyd.

Yn y gegin, ar y dde, mae 'na fath o sinc a mangl gwyrdd. Weithiau dwi'n cael helpu Nain i droi yr olwyn gocos fawr efo'r handlan bren, a gwylio'r cynfasau gwyn yn llifo fel tonnau o hufen iâ Vienneta rhwng y rolars mawr cyn disgyn yn rhaeadr i mewn i'r bath sinc. Ar nos Sadwrn mae'r bath yn cael ei symud o'r gegin i'r stafell ganol a'i osod o flaen tanllwyth o dân, ac rydw innau'n dringo i mewn ac yn eistedd i lawr yn ara' deg tra mae Nain yn cario dŵr oer a phoeth am yn ail o'r gegin nes bod tymheredd y dŵr yn berffaith, a'r gwres o'r tân glo yn gynnes ar fy nghefn. O droi fy nghefn, gallwn weld y weiarles ar dop y cwpwrdd, y drws nesa i faril fechan bren oedd bob amser â'i llond hi o Marie Biscuits. O dan y faril bob bore Sadwrn byddai Nain wedi gosod pishyn tair – pres poced ychwanegol i'r pishyn chwech a gawn i gan Mam.

Weiarles, sylwch, oedd 'na yn Monfa – nid radio. Dyfais llawer mwy diweddar ydi radio. Fel selsig, ffa pob, creision, adborth, mewnbwn a gwerthuso – doedd 'radio' ddim yn rhan o eirfa plant Llangefni ym 1948. Ac *edrych* ar y radio y byddem ni hefyd, nid gwrando arni. Syllu heibio'r llythrennau oedd yn dweud *BBC Home Service* ac i mewn i ymysgaroedd y weiarles. Syllu nes 'gweld llais a chlywed llun' bob nos Fawrth yn ddi-ffael cyn mynd i'r Band-o-Hôp.

Byddwn yn troi'r olwyn frown ac yn clywed: *'clic...* DANDARANDAAAA... DA RAN DARAN DAAAA... DA RA... DAN DAN DAN DAN... DAAAAA... "SOS! GALW GARI TRYFAN!"'

'Alec!'

'Ie, Gari. Beth sy'n bod?'

'Mae corff rhywun yn gorwedd tu ôl i'r drws. Fe alla i weld llaw waedlyd.' [Sŵn gwichian hen ddrws yn y plasdy yn agor. Sŵn traed Gari ac Alec ar y llawr cerrig. Ochenaid gan Gari.] 'Alec! Mae rhywun wedi lladd y sgweiar!'

'Wel, tawn i'n smecs, Gari! Ond pwy?'

DAN DA RA DA DA DAN DA RA... DA RA... DAN DA RAN DAN... A ffwrdd â fi yn bryderus i'r Band-o-Hôp, lawr Bridge Street gan edrych tu ôl i mi rhag ofn i bwy bynnag laddodd Sgweiar y Plas neidio allan o'r tywyllwch a'm lladd innau. Ymhen pum mlynedd, fe fyddwn i fy hun yn un o'r lleisiau ar y radio fel Glyn bach yn *Teulu'r Siop*. Ond dwi'n neidio 'mlaen yn rhy gyflym. Tydan ni ddim wedi gorffen y 'grand tour' o dŷ Nain eto.

Os awn ni o'r stafell lle mae'r set radio, ac i lawr y pasej, fe ddown ni yn y pendraw i'r parlwr. Yma, ar y Sul, yr oedd y pregethwr yn cael bara menyn tenau, jam a dewis o sgons neu Victoria Sponge, a the wedi'i dywallt o debot arian. Roedd Nain yn torri brechdana mor dena, ro'n i'n medru gweld Taid drwyddyn nhw. Roedd 'na ddresal fahogani goch yn y parlwr (a honno'n sgleinio dan ddylanwad Mansion Polish), lle byddai Taid yn cadw'i bregethau a Mam yn cadw ôl-rifynnau o *Woman* a *Woman's Own*.

Dau beth dwi'n 'i gofio am y cylchgronau hynny. Roedd 'na ddynes o'r enw Evelyn Home yn y naill yn ateb problemau darllenwyr: 'Annwyl Evelyn, dwi'n bumdeg a chwech ac yn briod ers tri deg o flynyddoedd. Mae fy ngŵr yn ddyn rhywiol iawn ac yn mynnu cael ei ffordd yn aml heb rybudd o gwbwl yn y mannau mwyaf cyhoeddus. Fe ddigwyddodd hyn yn ddiweddar. Ydych chi'n credu y dyliwn i ysgrifennu at Tesco i ym-ddiheuro?'

Yn y cylchgrawn arall, roedd 'na gartŵn o dri chi bach – Wuff a Tuff a Snuff – tri chi bach drwg iawn. Bob wythnos, byddai fy hen daid – Taid Jones o Fryneglwys – yn fy rhoi i eistedd ar ei lin ac yn creu anturiaethau Cymreig a Chymraeg i'r cŵn bach. Dwi wrth fy modd efo cartŵns byth ers hynny. Dwi'n cofio un rwan. Dyn yn sefyll o flaen clamp o fap enfawr mewn canolfan siopa, map i ddangos iddo lle'r oedd o ar y pryd. A'r llinell ar waelod y cartŵn? '*You are not here.*'

Cyn i ni adael tŷ Nain, dwi am fynd â chi i fyny'r grisiau i'r stafell lle byddwn i'n cysgu yn y gwely *brass* enfawr. Roedd 'na fatras blu drwchus ar y gwely, a'r hwyl i hogyn bach chwech oed fyddai neidio ar y gwely a rowlio i ganol y fatras. Yno, byddwn yn suddo i drwmgwsg mewn dyffryn o blu efo mynyddoedd gwyn o ddillad gwely o'm cwmpas i'm hamddiffyn. Pan fydda i'n meddwl am fy mhlentyndod, tŷ Nain a Taid ddaw i'r cof yn syth. Roeddwn i'n teimlo'n saff yn tŷ Nain. Weithiau rwan, pan fydda i'n poeni am y dyfodol ac yn hel meddyliau ac yn teimlo'n ansicir, fe fydda i'n dyheu am gael teimlo yr un mor ddiogel ag yr oeddwn i bryd hynny.

A'r un mor hapus hefyd ag yr oeddwn i yn yr Ysgol 'British', o dan adenydd gwarcheidiol Miss Roberts, Cefnpoeth; Miss Wilias, Benllech; Miss Morgan a Stephen Edwards.

3

Ar wal tŷ Nain y cefais i'r gwersi cyfathrebu cyntaf. Roedd y wal hon y tu allan i ddrws ffrynt Monfa – wal garreg frown fel torth Hovis, lle'r arferwn eistedd yn ifanc iawn (chwech i saith oed, yn ôl Mam) yn fy jersi las a'r trowsus byr llwyd, yn cicio'r wal yn dyllau efo sodlau'r sgidia-hoelion-mawr ac yn holi pobol wrth iddyn nhw fynd adref ar ôl bore Sadwrn o siopa.

'Helo, Mrs Wilias. Be sy gynnoch chi yn y fasgiad 'na?'

'Wel, Hwal, ma' gin i fara peilliad o Siop Llifon House, ychydig o gêcs o Dale Jones, pâr o sgidia o siop Dicks, a *Daily Post* o Siop Guest.'

'A lle 'dach chi'n mynd rwan?'

'Adra i neud cinio i Richard Wyn.'

'Pryd mae o'n dwad adra? Be mae o'n neud…?'

Cwestiynau diddiwedd. Hanner can mlynedd yn ddiweddarach, dwi'n dal i ofyn yr un cwestiynau, yn dal i fod yr un mor fusneslyd, ac yn dal yr un mor ifanc fy ysbryd a'm hagwedd hefyd, gobeithio. Yr unig wahaniaeth ydi 'mod i wedi cael fy nhalu ers 1964 am ofyn y cwestiynau. Ond yr un cwestiynau ydyn nhw; dim ond yr atebion sy'n newid.

Roedd tŷ Nain wedi'i wasgu rhwng Mona View ar un ochor a garej Crosville, oedd yn bwrw'i chysgod dros y stafell fyw, ar y llaw arall. Yng ngardd y ddwy Miss Owen roedd 'na goeden afalau – 'fala Awst' mawr gwyrdd, melys. Llond coeden o demtasiwn i ddau hogyn bach drwg, sef Arthur Furlong a finnau. Un diwrnod, fe neidiodd y ddau ohonom dros ben wal tŷ Nain a glanio'n SAS o dawel ar y glaswellt. Ymhen chwinciad roeddwn i fyny'r goeden, ac yn lluchio'r afalau i lawr i Arthur oedd yn brysur yn eu stwffio i'w bocedi. Yn anffodus, fe ddaeth Miss Owen rhif un – neu dau, dwi'm yn cofio p'run – allan o'r tŷ. Roedd Arthur wedi'i chlywed yn agor y drws cefn ac wedi diflannu (efo'r afalau) dros ben y wal gyfagos i ddiogelwch ei gartref, gan fy ngadael ar ben y goeden. 'Be 'dach chi'n feddwl 'dach chi'n ei neud?' oedd y cwestiwn a'm cyrhaeddodd rhwng y cangau. Cwestiwn braidd yn wirion o amlwg i hogyn ifanc ar ben coeden afalau, â'i bocedi'n llawn o'r cyfryw ffrwythau. Roedd yr awydd i ddweud 'Isio gweld faint o'r gloch oedd hi ar y Cloc Mawr ar y sgwâr' yn un y llwyddais i'w osgoi…

Stwcyn byr, direidus a thalentog oedd Arthur. Pêl-droediwr heb ei ail a mewnwr chwim ar y maes rygbi. O ddyddiau dwyn afalau a chwarae pêl-droed i dîm y Bash Street Kids, i nosweithiau hel merched yn y Benllech a blasu'r *Black Velvet* cyntaf, Arthur oedd fy ffrind gorau. Hyd yn oed pan ddaru o daflu pelen eira i mewn i Gaffi Penlan a'm taro'n sgwâr yn fy wyneb, cafodd faddeuant!

Roeddan ni byth a hefyd mewn trwbwl yn blant. Dwyn afalau, dwyn sigaréts – dwyn pres, hyd yn oed, ar un achlysur o un o siopau'r dre. Wel, nid y fi nac Arthur oedd yn gyfrifol am y lladrad ond mab y siop.Wrth gwrs, pan gynigiwyd papur decswllt i ni a phaced o Woodbines – pwy oedd yn mynd i wrthod? Yn sicir nid hogyn ifanc oedd yn cael chwecheiniog o bres poced. Ond mae 'na ddiwedd trist i stori'r lladrad. Na, chafodd y lleidr mo'i ddal – mae'n waeth na hynny.

Yn hytrach na gwario'r pres ar unwaith a phrynu car a thŷ yn Llannerch-y-medd, penderfynais mai'r peth callaf i'w wneud oedd plygu'r papur decswllt yn ofalus a'i roi mewn bocs a'i guddio mewn lle diogel rhag ofn i rywun ddechrau gofyn cwestiynau. Petai'r lladrad yn cael ei ddarganfod a'r cyhuddiedig yn mynd o flaen ei well, gallwn wedyn ddychwelyd yr arian cyn cael fy ngharcharu am oes. Fe guddiais y bocs yn wal Cae San (y cae ar gyrion y Sanatorium) ar fy ffordd i'r ysgol un bore. Bythefnos yn ddiweddarach, dychwelais i'r cae, rhoi fy llaw i mewn yn y twll yn y wal – dim byd! Roedd y bocs wedi diflannu. Wedi llithro, efallai, rhwng y cerrig ac yn gorwedd tu mewn i'r wal ymhell o afael llaw fechan ddeg oed.

Hyd y gwn i, mae'r bocs yno hyd heddiw er bod y Sanatorium wedi hen ddiflannu. Archfarchnad Kwiks sydd ar y safle bellach. Ond roedd yr Archdderwydd yno o flaen yr archfarchnad, oherwydd ar y cae yma y codwyd Cerrig yr Orsedd ym 1956 ar gyfer cyhoeddi Eisteddfod Genedlaethol Cymru, Llangefni 1957. Yn ystod yr wythnos honno perfformiwyd drama gomisiwn Cynan, 'Absalom fy Mab', ac roeddwn i'n chwarae rhan Meffiboseth, y bachgen cloff. A chynhyrchiad cloff iawn oedd o hefyd.

Ond mwy am y ddrama yn nes ymlaen. Dowch i ni fynd i mewn i'r Pafiliwn ym 1957 i glywed Llywydd y Llys, T. H. Parry-Williams yn agor yr Eisteddfod drwy ddiolch i bobol Môn am gasglu £20,000 o bunnau tuag at gostau'r Ŵyl. Erbyn diwedd yr wythnos, fe fyddai'r

Eisteddfod a gostiodd £45,000 o bunnau yn cyhoeddi elw o £10,000 o bunnau, yr elw mwyaf yn hanes yr Ŵyl. Ond ar y dydd Iau roedd Llywydd y Dydd, Cledwyn Hughes – Aelod Seneddol Môn – yn galw am sefydlu Cronfa Genedlaethol i ddiogelu'r Eisteddfod trwy ofyn i'r awdurdodau lleol gyfrannu arian o'r trethi tuag at ei chynnal hi. Fe gafodd Cledwyn Hughes groeso gwresog gan y dorf, ond nid felly Henry Brooke, y Gweinidog dros Faterion Cymreig. Yn wir, fe awgrymwyd iddo y dylai gadw draw o'r Steddfod. A dyna wnaethpwyd, rhag ofn i'r Brooke gael ei foddi yn yr Ŵyl ar lannau'r Cefni. Fe alwod Dr Tudur Jones (oedd yn aelod o'r Pwyllgor Gwaith) ymddygiad Henry Brooke yn 'dwyllodrus' am iddo gefnogi cais Lerpwl i foddi Cwm Tryweryn. Anfonwyd neges glir i'r Gweinidog o'r Babell Lên:

> 'Bodder yn nŵr Tryweryn
> Henry Brooke,' medd Llwyd o'r Bryn.

Roedd teilyngdod ar y Goron a'r Gadair. Y Goron yn cael ei rhoi am y tro cyntaf am ddrama fydryddol. Dyfnallt Morgan a wisgodd honno, a chafodd ei goroni gan yr Archdderwydd newydd, y Parchedig William Morris.

Awdl i Gwm Carnedd enillodd y gadair i Tilsli – awdl sy'n cloi efo englyn milwr sy'n drist o gyfoes heddiw:

> Yn y Foelas a'r Villa – onid oes
> Neb dyn a breswylia?
> 'Neb ond Saeson hinon ha'.'

Petaech chi wedi cerdded y cae fe fyddech wedi gweld Crwys a T. I. Ellis a Tom Parry yn sgwrsio efo Iorwerth

Peate, ac Isfoel yng nghysgod y Babell Lên efo darn o bensel a phapur yn cyfansoddi englyn digri i'r 'Botwm':

Hastus y plygai Ester – ni hitiai
  Fotwm am syspender,
 A daeth, rhwng blows a throwser,
 Y pen ôl i'r open êr.

Dacw Megan Lloyd George ac O. V. Jones, y gyne-colegydd, yn llongyfarch ei gilydd ar gael eu derbyn i'r Orsedd. Gyda llaw, gan ei fod o wedi geni cymaint o fabis trwy Ogledd Cymru – a finnau'n eu plith – roedd O. V. Jones yn cael ei adnabod ar lafar (ond nid yn yr Orsedd) fel Ovary Jones.

Pwy 'di'r ddau acw sy'n croesi'r cae ar wib? Jennie Eirian, ar ei ffordd i Babell y Wasg i anfon stori o'r maes i'r *Faner* ac yn mynd â'i mab bach teirblwydd, Siôn efo hi. Yn llaw Jennie Eirian roedd y pin sgwennu yn arf mwy pwerus na'r cleddyf. Yn *Y Faner* yr wythnos honno, ar ôl dweud bod angen adeilad pren pwrpasol i'r Babell Lên ac ar ôl cystwyo rhai o'r llenorion a'r beirdd am fod yn rhy groendenau i dderbyn beirniadaeth, ychwaneg-odd: 'A beth am gadw elor yn gyfleus dan y llwyfan i gario allan gorff ambell un sydd wedi marw'n llenyddol ond yn dal i ysgrifennu o hyd'!

Yn y cyfamser, 'nôl yn yr ystafelloedd ymarfer roedd Cwmni Drama'r Eisteddfod yn ymgodymu â drama gomisiwn Cynan, *Absalom fy Mab*. Dwi'n cofio mai Huw Pierce Jones oedd yn chwarae rhan y Brenin Dafydd, Huw Tudor oedd y dewis doeth i chwarae rhan Solomon, a finnau oedd Meffiboseth, y bachgen cloff. Prin iawn oedd yr amser gafon ni i ddysgu'n rhannau. Yn wir, roeddwn i'n cael cymaint o broblem i ddysgu 'ngeiriau fel y cefais fy ailfedyddio yn 'Mess-o-bopeth'. Roeddwn i hefyd yn tueddu i amrywio'r cloffni. Weithiau'n gloff ar y goes dde, weithiau ar y chwith, yn dibynnu o ba ochor i'r llwyfan y byddwn i'n cerdded – neu'n hopian.

Roedd beirniad *Y Cymro* yn rhy garedig. 'Gwnaeth y cynhyrchydd a'i dîm waith mawr mewn amser byr. Yr oedd tri neu bedwar o berfformiadau boddhaol, yn enwedig Hywel Evans fel mab cloff Jonathan.' Beirniad *Y Faner* oedd yr un mwyaf craff: 'Fe fyddai mis neu ragor o ymbaratoi wedi bod o gymorth mawr. Rhoddwyd bwrdd cardboard i Meffiboseth a Solomon i chwarae gwyddbwyll arno; gellwch ddychmygu Bathsheba yn rhedeg allan i siop Woolworth i geisio rhywbeth i gadw'r hogiau'n ddistaw ar bnawn gwlyb!'

Fe berfformiwyd y ddrama yn Neuadd y Dre, Llangefni ar noson wyllt o law, mellt a tharanau. Oedd, roedd hyd yn oed y duwiau yn ein herbyn. Aeth golau'r Neuadd allan ar ôl yr act gyntaf ac aeth Cynan allan ar ôl yr ail. Allan i'r nos, mae'n bur debyg, i alarnadu galarnad Dafydd ar ôl gweld ei ddrama yn cael ei darnio o flaen ei lygaid.

Ymhen pedair blynedd, byddwn yn cyfarfod Cynan eto – ar y trên o Fangor, a finnau ar fy ffordd i'r Coleg Cerdd a Drama yng Nghaerdydd. Roedd y trên yn llawn, a bu raid cerdded o un pen i'r pen arall i chwilio am sêt. Dim lwc. Felly, doedd dim amdani ond mynd i'r Dosbarth Cyntaf, a chnocio ar y drws cyntaf. 'Pwy sydd 'na?' meddai'r llais urddasol o'r tu ôl i'r bleinds. Rhoddais fy mhen i mewn a dyna lle'r oedd Cynan yn eistedd yn y gornel efo lliain bwrdd mawr gwyn ar ei lin a hamper wrth ei ochor yn llawn o fwyd. Gwelais fy nghyfle. 'Helo-fi-di-Hywel-Evans-a-fi-oedd-Meffiboseth -a-dwi-ar-fy-ffordd-i-Gaerdydd-a-does-'na-ddim-lle-ar-y-trên.' Gwenodd yn gyfeillgar. 'Dewch i mewn,' meddai. 'Gymrwch chi sandwich?' Tasa fo wedi deud 'Gymerwch chi sigarét' faswn i ddim wedi bod yn fwy diolchgar. Erbyn cyrraedd y Brifddinas, roeddwn wedi cael dyrchafiad gan Gofiadur yr Orsedd. Fi oedd Ceidwad y Cês. Ymhob gorsaf ar hyd y ffordd fy swyddogaeth i oedd cadw llygad ar lygej Cynan, ac yntau yn ei dro yn sicrhau fod 'na sedd gyfforddus iddo fo a'i ffrind newydd yn y Dosbarth Cyntaf.

Os cofiwch chi, ar fy ffordd i'r ysgol gynradd yr oeddwn i gynnau, ac wedi oedi yng nghanol Cerrig yr Orsedd i hel atgofion am Eisteddfod Genedlaethol Llangefni. Gyda llaw, dwi'n gobeithio eich bod chi'n dal yn hapus i adael y prif lwybr weithiau fel hyn. Dwi wedi bod yn edmygydd ers blynyddoedd o'r darlledwr Alistair Cooke â'i arddull unigryw. Mi lwyddodd i ddarlledu'n ddi-dor o 1946 hyd ddechrau'r ganrif hon, gan ddal i ddarllen ei *Letter from America* yn wythnosol ar Radio 4 ac yntau'n naw deg a phump oed. A'i arddull? Cychwyn mewn rhyw fan arbennig a chyrraedd pen ei daith mewn llai na chwarter awr, ond yn ystod y cyfnod hwnnw mae wedi mynd â chi yn ôl, ymlaen, i'r dde ac i'r chwith yn wleidyddol, heb unwaith fynd â chi ar gyfeiliorn.

Mae crwydro'n hamddenol felly, gan adael y prif lwybr weithiau, yn llawer mwy diddorol a chyffrous na theithio ar hyd llwybr syth, saff a diogel.

Felly, os ydach chi am deithio efo fi – anghofiwch y map!

4

Swyn hudol sain ehedydd – a glywn
  Yn glir ar foreddydd;
  Daear fad yn deor fydd,
  A llwyni'n dai llawenydd.

Dyna'r englyn cyntaf i mi ei weld a'i ddysgu, ac mae o ar
fy nghof i byth ers i Mr Stephen Edwards ei gopïo yn fy
llyfr llofnodion, oedd yn cynnwys enwogion y genedl –
yn eu plith Elfed, Crwys ac Anti Annie Dinbach.

Stephen Edwards oedd un o'r athrawon yn Ysgol
'British', Llangefni lle cefais i fy addysg gynradd, a fo
sgwennodd yr englyn. Ac ar ôl ei sgwennu dwi'n ei gofio
fo'n eistedd i lawr wrth ochor fy nesg yn Standard Ffôr
ac yn esbonio pam roedd y geiriau yn yr englyn yn creu
sŵn arbennig ac yn ateb ei gilydd – swyn a sain, hudol a
hedydd, llwyni a llawenydd. Pan sgwennodd Stephen
Edwards yr englyn yn fy llyfr, rhoddodd agoriad yn fy
llaw a fyddai'n agor cist ar ôl cist, flwyddyn ar ôl
blwyddyn, yn llawn o drysorau geiriol – englynion,
telynegion, cwpledi, cywyddau, ac ambell i limrig hyd yn
oed. Ac efo'r agoriad hwnnw rydw i hefyd wedi llwyddo i
sgwennu ambell i gân a phantomeim a sioe – diolch i
Stephen Edwards, oedd yn rhoi pwyslais mawr yn y
dosbarth ar ddysgu cerddi ar y cof. Y dyddiau yma, 'dan
ni'n magu plant sy'n medru rhaffu geiriau caneuon rap,
ond Duw a'n gwaredo, ni allwn ddianc rhag y ffaith na

41

fedran nhw ddim adrodd soned gan T. H. Parry-Williams na thelyneg gan Cynan. 'Nintendo yw plentyndod', chwadal Gerallt Lloyd Owen.

Marblis a choncyrs a chwarae tic ar yr iard oedd plentyndod yn Llangefni ddiwedd y pedwardegau. Tydw i ddim yn sicir faint oedd fy oed i'n mynd i'r ysgol. Roeddwn i tua chwech, mae'n siŵr. Felly 1948 oedd hi. Blwyddyn hanesyddol arall. Y flwyddyn y sefydlwyd y Gwasanaeth Iechyd, a'n teulu ni ymhlith y 39.5 miliwn ddaru gofrestru hefo meddyg teulu. Gwelwyd agor yr amgueddfa awyr agored gyntaf yn Ewrop yn Sain Ffagan, ac am y tro cyntaf yn eu hanes, o dan gapteniaeth Wilfred Wooler, fe enillodd Clwb Criced Morgannwg bencampwriaeth Siroedd Lloegr. Lawr y ffordd yn Risga, Gwent roedd 'na ddathlu mawr oherwydd bod Tom Richards wedi ennill medal arian yn y Gemau Olympaidd yn Llundain. Fo oedd y Cymro cyntaf i ennill medal unigol yn holl hanes y Gemau, a hynny am ddod yn ail yn y Marathon. Ac ym mhrif gystadleuaeth Ras Ŵy a Llwy *Sports Day* yr ysgol, dwi'n credu i minnau ennill – oherwydd 'mod i wedi meistroli'r dechneg dwyllodrus o redeg a dal fy mys ar yr ŵy yr un pryd.

Clywais Ray Gravell yn siarad ar y radio y diwrnod o'r blaen am Sue Jones, ei athrawes yn yr ysgol gynradd, yn ei fagu yn ei chôl. Roedd o'n teimlo braidd yn ofnus a phryderus, medda fo, ar ei ddiwrnod cyntaf. Yr ysgol yn fawr ac yntau mor fychan. (Oedd, roedd 'na gyfnod yn hanes y wlad pan oedd 'na Ray bychan, ofnus yn cerdded ein daear!) Ac meddai'r cawr barfog: 'Un cwtsh fach gan Miss Jones ac o'n i'n iawn.' Mi allwn ni i gyd uniaethu â Ray a chofio'r athrawon fu'n gofalu'n dyner amdanom.

Miss Roberts, Cefnpoeth – yr athrawes gyntaf a gefais erioed. Dwi'n ei chofio'n ddynes dal â'i gwallt wedi'i dynnu'n ôl yn dynn tu ôl i'w phen. Coesau tenau tu mewn i sanau gwlân, a chryman o drwyn miniog. Roedd ganddi grwb ar ei chefn hefyd. Os gwelsoch chi Anthony Sher yn actio Richard y Trydydd, dyna i chi Miss Roberts, Cefnpoeth. Ac os *na* welsoch chi Anthony Sher, cymrwch 'y ngair i – 'tasa hi wedi pwyso yn erbyn y wal a dechrau adrodd *'Now is the winter of our discontent, made glorious summer by this sun of York'* faswn i ddim wedi synnu. Doedd hi ddim mor ddieflig â hynny, siŵr, ond felna dwi'n ei chofio hi ac mi oedd hi'n codi ofn arna i.

Toedd Shakespeare ddim ar y fwydlen yn nosbarth Miss Roberts. Chwarae mewn tywod, eistedd ar si-so werdd, sgwennu efo pensal lechan nes oedd y llechan sych yn sgrechian, a stompio efo paent – dyna oeddan ni'n neud. Powdwr oedd y paent, yn cael ei gadw mewn hen jariau pethau da ac wedyn yn cael ei rannu fesul llwyaid llwy bwdin gan Miss Roberts, a'i dywallt i dopiau caeadau tuniau polish wedi'u hoelio i ddarnau o bren; pot jam marmaled i ddal dŵr a brwsh mawr – a dyna ni'n barod i greu stomp ymhell cyn i'r beirdd gael y syniad o greu stomp farddol. Flynyddoedd yn ddiweddarach, a finnau yn yr ysgol uwchradd, cofiaf i'm hathro Arlunio, yr arlunydd Gwilym Prichard, ysgrifennu yn fy adroddiad ar ddiwedd un tymor y deyrnged ddinistriol hon i'm dawn fel artist: *'In grave danger of being very mediocre'*. Dyna'n union ddywedwyd lai na chanrif ynghynt am weithiau Monet a Degas a Van Gogh pan ddaru nhw arddangos eu lluniau am y tro cyntaf, felly roeddwn i mewn cwmni da.

Yn nosbarth Miss Roberts roeddan ni'n sbrencian y paent ar y papur gyda'r un arddeliad â Jackson Pollock, ond mewn gwirionedd y dylanwad amlwg ar ein creadigaethau lliwgar oedd Picasso, fyddai wedi cymeradwyo pob ceffyl tew efo coesau tenau, pob coeden las, ac yn enwedig y ferch efo llgada lle dylsai ei chlustiau hi fod, a thrwyn sbâr.

I lawr y coridor llydan tu ôl i'r drws gwyrdd efo ffenestri bach gwydyr roedd Miss Williams, Benllech – yr athrawes efo'r sgwennu-sownd taclusaf yn y byd – yn ymarfer Côr yr Ysgol. A'r darn? 'Y mae afon', wrth gwrs. 'Y mae afon a'i ffrydiau a lawenhant ddi-hi-nas Duw'... 'Naci, naci, naci! Nid "ddi-hi-nas"! "DDINAS" ydi'r gair, heb yr êtsh.'

Drws nesaf i ystafell Miss Williams roedd ystafell Miss Morgan. Pwten o ddynes oedd Miss Morgan, *power-pack* ar ddwy goes ac arbenigwraig ar wneud cadwyni papur. Mi fasa Miss Morgan wedi gallu bod yn un o gyflwynwyr *Blue Peter* oni bai am y ffaith nad oedd teledu, heb sôn am *Blue Peter,* wedi cyrraedd Llangefni ar y pryd. Dwi'n cofio gwneud y cadwyni allan o ddarnau lliwgar o bapur adeg y Nadolig. Torri'r papur yn stribedi, wedyn llyfu un darn a'i ffurfio'n gylch. Plethu'r darn nesa o bapur trwy'r cyntaf a gliwio hwnnw, a chario 'mlaen nes oedd ganddoch chi gadwyn fel un o gadwyni Pont y Borth yn crogi ar draws to'r ystafell ddosbarth.

Mae'n rhaid fod 'na doiledau tu mewn i'r ysgol ond fedra i ddim cofio lle'r oeddan nhw. Rydw i'n cofio croesi'r iard i'r toiledau tu allan. Roedd y rheiny ar y ffordd i'r cantîn. Nifer o gelloedd bach cul efo drws brown ar bob un os oeddech chi angen eistedd, neu roedd 'na le i chi sefyll a wynebu wal uchel wedi'i pheintio'n ddu. A'r gêm oedd gweld pa mor uchel y gallech chi bi-pî. Roedd rhai o'r bechgyn drwg (ac wrth gwrs, toeddwn i ddim yn un ohonyn nhw!) yn ceisio anelu dros y wal i doiledau'r merched – ac yn ôl ambell i sgrech yn llwyddo.

Bob amser chwarae, rhyw bum munud cyn i'r gloch ganu ac i bawb sefyll mewn rhesi yn ôl eu dosbarthiadau cyn dychwelyd trwy'r drysau uchel i mewn i'r ysgol, byddai Mrs Gibson yn ymddangos yn ei ffedog wrth ddrws y cantin ac yn gweiddi 'Caws'. Ras wyllt wedyn o bob cyfeiriad. Am y cyntaf i gyrraedd Mrs Gibson â'i phadell anferth yn llawn o gaws coch, ac er mor rhadlon oedd Mrs Gibson, gwae chi os caech chi'ch dal yn ceisio cael ail ddarn o gaws.

Roedd bwyd y cantîn yn faethlon, yn agosach at Mrs Beeton na Jamie Oliver – er, cofiwch chi, roedd modd creu cymysgedd creadigol iawn efo lwmp o jam mewn powlen o semolina, a hwnnw wedi'i droi yn ddidrugaredd nes oedd o'n edrych fel tywod pinc. Pwdin peips (macaroni) a phwdin tadpols (tabioca) oedd yr unig fwydydd na fedrwn i mo'u stumogi.

Hwyl oedd yr ysgol gynradd nes i mi gyrraedd dosbarth Stephen Edwards. Wedyn y cychwynnodd yr addysg go iawn. Yn ôl cyfrifiad 1951, Llangefni oedd y dref Gymreiciaf yng Nghymru: 94.7 y cant yn siarad Cymraeg a 15.5 yn uniaith Gymraeg (Môn-oglots!). Ac yn yr ysgol mi ges – yn wahanol i Dafydd Iwan – wersi Hanes, Daearyddiaeth a hyd yn oed wersi Saesneg trwy gyfrwng y Gymraeg.

'Gwrandewch. Dwi am i chi ysgrifennu stori sy'n

cychwyn fel hyn: *"It was a dark, starless night, and the wind was howling in the trees"*. Ydach chi'n deall, Hywel?'

'Ydw, Mr Edwards'.

'Reit. Dechreuwch.'

Yn rhyfedd iawn, er bod fy mam a fy nhad yn siarad Cymraeg, fe ges i fy magu ar aelwyd ddwyieithog. Ar ôl blynyddoedd ar y môr, roedd 'Nhad yn fwy cyfforddus yn siarad Saesneg. Roedd ganddo atal dweud hefyd ac oherwydd hynny doedd o ddim yn teimlo'n hyderus yn y Gymraeg. Cofiaf yn dda i rywun ofyn i mi ryw dro, oherwydd fy mod yn siarad y ddwy iaith cystal â'i gilydd fwy neu lai, p'run ai yn Gymraeg ynteu yn Saesneg yr oeddwn i'n meddwl. A'r ateb? Wel, dwi'n meddwl yn Saesneg, wrth gwrs – oherwydd does dim *raid* imi feddwl yn Gymraeg.

Ond gan fy mod i wedi cael fy magu yn sŵn yr iaith Saesneg, doedd sgwennu yn yr iaith honno ddim yn broblem. Ar wahân i'r Cyfrifiad, fe welodd dogfen arall olau dydd am y tro cyntaf ym 1951, ond oherwydd bod yn rhaid ichi aros hanner can mlynedd cyn cyhoeddi cynnwys dogfennau cyfrinachol dyma'r cyfle cyntaf dwi wedi'i gael i ddyfynnu o'r ddogfen. Dyma dudalen gyntaf y ddogfen bwysig honno: 'Yr wyf wedi penderfynu cadw dyddiadur. Byddaf yn ysgrifennu ynddo bob dydd, yn fy ysgrifen orau. Felly Blwyddyn Newydd Dda i bawb.'

Mae brawddeg gyntaf y dyddiadur yn gelwydd. Nid fy mhenderfyniad i oedd cadw dyddiadur ond penderfyniad fy nhad. Credai y byddai cadw dyddiadur yn ddisgyblaeth dda, yn gwella fy Nghymraeg, yn rhoi sglein ar fy Saesneg, yn ogystal â gwella f'ysgrifen. I'r perwyl hwnnw, prynodd ffownten-pen Platignum a photel inc Quink i mi. Bob nos, byddai'n rhaid i mi ysgrifennu am yr hyn oedd wedi digwydd i mi yn ystod y dydd. Yna byddai 'Nhad yn ei ddarllen, wedyn Mam yn ei ddarllen – a hi fyddai'n cywiro'r gwallau sillafu. Oherwydd fy mod yn gwybod y byddai'r cynnwys yn cael ei ddarllen, doeddwn i byth yn ysgrifennu am 'gudd feddyliau'r galon, a chrwydradau mynych hon.' A beth bynnag, pa gyfrinachau sydd gan hogyn naw oed mewn trowsus byr, jyrsi las, â pharting yn ei wallt? Dyna pam nad oes gan Samuel Pepys nag Edwina Currie (enw addas o gofio'r gwres carwriaethol gynhyrchodd hi), Kilvert nac Alan Clarke ddim i'w ofni. Tydw i ddim yn yr un gynghrair nag ar yr un blaned â nhw. Tydi tudalennau fy nyddiadur i ddim yn cynnwys manylion am fy mywyd preifat, nac yn datgelu fy ngwir deimladau tuag at Enid Williams a Myris Thomas. Felly, beth sydd 'na rhwng cloriau glas y dyddiaduron?

'Ar ôl te yn nhŷ fy Nain bûm yn gwrando ar Gari Tryfan ar y radio. Yr oedd y bennod yn ddifyr iawn oherwydd yr oeddem yn cael gwybod pwy oedd y Ffwlbart... Heno euthum o gwmpas yn casglu at y Genhadaeth. Y mae gennyf dŷ to gwellt wedi'i wneud o papier-mâché ac mae pobol yn gallu rhoi pres trwy dwll yn y to... Yn nosbarth Mr Stephen Edwards heddiw buom yn dysgu Melin Trefin ac yn gwrando ar raglenni ar y radio. Clywsom hanes Castell Penfro ac Owain Tudur... Bûm yn gwneud bow and arrow y bore yma er mwyn chwarae yn y Dingle a'r prynhawn yma cefais chwecheiniog i fynd i'r pictiwrs i weld Hit the Trail for the Rio Grande... Yn y farchnad heddiw roedd dyn wedi dyfod yr holl ffordd o Lundain i werthu llestri. Cefais waith ganddo yn rhoi y llestri'n daclus yng nghefn ei lorri a chefais swllt ganddo…' – ac yn y blaen.

Mae 'na lot fawr o sôn yn y dyddiadur am dywydd, am adrodd adnodau yn y capel, ac am fwyd i frecwast, cinio, te a swper. Mae 'na hefyd gyfeiriad bach at un digwyddiad anffodus iawn na fyddwn wedi sgwennu amdano oni bai i brifathro'r ysgol adrodd am y digwyddiad wrth fy nhad: 'Yr wyf wedi bod yn fachgen drwg, ac fe gefais gansen chwe gwaith ar fy llaw gan Mr Edwards.'

Yr hyn oedd wedi digwydd oedd fy mod wedi cael ffeit ar yr iard efo Iorwerth Roberts, mab gweinidog Wesle Llangefni ar y pryd, John Alun Roberts. Mor frwd oedd y dyrnu a'r cicio a'r rhegi fel na sylwodd yr un ohonom fod tad Iorwerth yn mynd heibio wal yr ysgol ar y pryd. Aeth â'r ddau ohonom at Stephen Edwards. O leia, dwi'n credu iddo wneud hynny; i fod yn siŵr, efallai y dyliwn i ffonio Iorwerth yn Norwy, lle mae o'n byw erbyn hyn! Ta waeth, cafodd y ddau ohonom ein cosbi. Yng nghornel stafell Standard Ffôr, safai cwpwrdd tal – cartref y gansen wen. Cansen oedd yn rhyw bedair troedfedd o hyd ac yn teneuo tuag at y blaen. Bu'n rhaid i ni'n dau sefyll o flaen y dosbarth ac ailadrodd pob rheg, ac am bob rheg cawsom deimlo'r gansen wen ar draws cledr y llaw. Ond nid dyna'i diwedd hi. Ar ôl mynd adref, cefais chwip din go iawn gan 'Nhad am regi Iorwerth Roberts.

Un o'r uchafbwyntiau bob mis oedd ymweliad Y Bocs â'r ysgol. Teithiai'r Bocs yr holl ffordd o Gaerdydd, o'r Amgueddfa Genedlaethol, ac erbyn i ni gyrraedd y dosbarth roedd Y Bocs yn disgwyl amdanom ar fwrdd yng nghanol yr ystafell. Yn araf, byddai Mr Edwards yn codi caead Y Bocs ac yn datgelu'r cynnwys. Wiwer wedi'i stwffio. Cnocell y coed ar frigyn. Milwr Rhufeinig gyda'i waywffon yn ei law. Dyna wedyn fyddai testun y wers am y pnawn, gan esgor ar syniadau am wersi eraill maes o law – hanes yr Ymerodraeth Rufeinig a bywyd bob dydd y Rhufeiniaid, y Rhufeiniaid a'u cysylltiad â Môn, codi'r gaer yn Segontium, ac olion Rhufeinig yng Nghymru. Dwi'n dal i gofio gwneud map o Gymru, efo pedwar sgwâr ym mhob cornel i gynrychioli caerau Rhufeinig Caernarfon, Caer, Casgwent a Chaerfyrddin, a phedair ffordd syth mewn pensal lèd yn cysylltu'r caerau. Biti na fasa creu ffyrdd syth fel y Rhufeiniaid mor hawdd â hynny. Tynnu llinell syth o Gaernarfon i Gaerdydd a defnyddio rwber i gael gwared o'r A470.

Mae 'na beryg, wrth gwrs, i mi edrych 'drwy wydrau lledrith' ar y gorffennol, a dim ond dwyn i gof yr amser da. Ella wir fy mod i'n goreuro'r gorffennol ond fedra i yn fy myw â chofio amser pan nad oeddwn i'n hapus yn yr Ysgol 'British', ac fe fyddai fy mlynyddoedd yn yr ysgol uwchradd yr un mor hapus hefyd.

Roedd 'na wên o hapusrwydd ar fy wyneb y bore y cyhoeddodd Mr Edwards na fyddai'n rhaid i ni sefyll yr 11+ er mwyn cael lle yn yr ysgol ramadeg, ond yn hytrach ein bod yn cael mynd i ysgol newydd sbon – wedi'i hadeiladu'r drws nesaf i'r ysgol ramadeg yn Llangefni lle'r addysgwyd y newyddiadurwr di-flewyn-ar-dafod Gwilym Owen; yr actor J. O. Roberts; y llenor Harri Pritchard Jones a Mam. A gyda llaw, mae gen i dystiolaeth fod fy mam a'r llenor wedi cael 'affêr' – fel y cewch chi glywed yn nes ymlaen.

5

Roedd y goedwig yn dawel. Gwelwn y milwr ifanc yn cropian ar ei bedwar – yn oedi, yn gwrando, yn edrych, ac yna fel creadur ysglyfaethus yn symud tuag ataf. Codais y gwn yn araf at fy ysgwydd. Cofiais y cyngor: 'Paid â thynnu'r trigar. Gwasga fo'n ysgafn.' Roedd y milwr o fewn ugain llath i'r guddfan, a baril fy ngwn wedi'i anelu at ei dalcen. Gwasgu! Clec! Gwaedd!

A dyna un arall yn gelain ac yn gorfod cyfrif i gant cyn ailymuno â'r gêm. Y Dingle, sef y coed uwchlaw'r ffordd i'r Pandy, heibio Llyn Pwmp a Llyn Sbwnyn, oedd maes y gad. Er bod yr Ail Ryfel Byd drosodd ers rhyw chwe mlynedd, roedd ein gang ni'n gallu creu storfa o *weapons of mass destruction* trwy ddefnyddio offer syml iawn – cyllell boced, llinyn, a chardiau o bacedi sigaréts yn dangos lluniau o arwyr pêl-droed fel Stanley Matthews a Trefor Ford, yn arbennig ar gyfer y saethau.

Roedd gwneud gwaywffon yn hawdd. Dewis brigyn gweddol syth, ac ar ôl ei dorri, naddu blaen miniog y waywffon a cherfio'r rhisgl yn y dull Celtaidd drwy greu patrymau cywrain o gwmpas y brigyn, gan adael y darn lle byddem yn gafael yn y waywffon yn ddigwafars. Yna'i gwylio'n hedfan yn yr awyr, a defnyddio'r llinyn i roi mwy o bwysau ar ei blaen os nad oedd ei phen yn disgyn i'r ddaear.

Mewn gwirionedd, gwaywffyn llai oedd y saethau ar

gyfer y bwa, gyda hollt i ddal y cerdyn – lle byddem wedi gosod plu aderyn petaem ni wedi bod yn filwyr cyflogedig ym mrwydr Cressy, ac nid yn filwyr deg oed yn ennill chwecheiniog o bres poced yr wythnos (+ pishyn tair Nain o dan y baril bisgedi). Yr hwyl wedyn fyddai mynd i ryw gae lle'r oedd digon o le i luchio'r waywffon a saethu'r saethau o'r bwa, i weld pwy allai luchio a saethu bellaf. Ar ôl cael digon ar y Mabolgampau Olympaidd, gosodem ddwy gôt ar y llawr bob pen i'r cae, dewis dau dîm, a chicio pêl tan amser cinio.

I dŷ Nain wedyn am fwyd. Llond powlan o lobsgows efo lympiau o gig (heb y cig, lobsgows troednoeth oedd o yn ôl yr actor Charles Williams!) neu stwnsh rwdan efo cig moch. Yr hwyl efo stwnsh rwdan fyddai creu llosgfynydd o'r stwnsh cyn ei fwyta, a dyma Fanny Cradock i ddeud wrthach chi sut:

1. Gofynnwch i'ch nain roi dolop go lew o stwnsh rwdan ar eich plât.
2. Cymerwch fforc, a chyda chefn y fforc gwasgwch y stwnsh i siâp triongl, tebyg i fynydd bychan.
3. Pan fydd y darnau o gig moch yn barod, gosodwch hwynt ar ochor y mynydd.
4. Gwnewch bant bychan yng nghopa'r stwnsh a gofynnwch i'ch nain dywallt y saim o'r badell ffrio i'r pant nes bydd y saim yn gorlifo ac yn rhedeg yn ffrydiau i lawr ochrau'r mynydd.
5. A dyna chi – Stwnsh Rwdan Vesuvius.

Gyda llaw, sôn am Fanny Cradock, cogyddes oedd hi ar y teledu yn y dydiau cynnar. Rhyw fath o Ddudley du a gwyn. Dynas efo acen Seisnig gref fel Gorgonzola.

Wrth ei hochor roedd ei gŵr ffyddlon, Johnny, oedd yn gwisgo *monocle* a mwstash. Un noson, roedd Fanny yn dangos i'r gwylwyr sut i wneud toesenni, neu donyts yn Gymraeg. Ac wrth gwrs, fel ei gwallt a'i hacen, roeddan nhw'n berffaith. Gan edrych i fyw llygaid y camera dyma Johnny yn ffarwelio ar ran y ddau ar ddiwedd y rhaglen, gan ddweud: *'I hope you've enjoyed the programme, and if you follow the recipe, your doughnuts will turn out like Fanny's. Good night!'*

Yn ddeddfol am ddau bob pnawn Sadwrn, fe fyddem yn yr Arcadia, y sinema ar waelod Bridge Street – dros y ffordd i siop ffish-a-tships Winnie Welsh a'i gŵr Albanaidd blin efo'i wallt du seimllyd, sbectols Buddy Holly a mwstash Clark Gable. Yn nhywyllwch y sinema, byddem yn cael syniadau ar gyfer pennod arall o *Tarzan in the Dingle* neu *Gunfight at the Cae Reis Corral*.

Ar ôl dwyawr swnllyd yn y tywyllwch, allan â fi i'r goleuni llachar wedi fy nhrawsnewid. Fi oedd Hopalong Cassidy, Roy Rogers neu Billy the Kid. Ar ôl clymu côt law am fy ngwddw a gwisgo masg wedi'i wneud o hen ddarn o ddefnydd a lastig blwmar, hawdd iawn fyddai fy nghamgymryd am Zorro, yn enwedig wrth fy ngweld yn carlamu i fyny'r stryd i gyfeiriad Cae San gan daro fy ngheffyl dychmygol yn galed er mwyn gwneud iddo fynd yn gynt. Ar ôl cyrraedd y cae a gweiddi *'Woa, there'* ar y goes yr oeddwn wedi bod yn ei tharo'n ddidrugaredd, byddwn yn neidio o'r cyfrwy arian ac yn clymu'r ceffyl dychmygol wrth bolyn dychmygol tu allan i salŵn dychmygol.

Cyn cychwyn chwarae, byddai'n rhaid cael cyfarfod i drafod y sgript ac i benderfynu pwy oedd yn chwarae pa ran, a beth oedd yn mynd i ddigwydd. 'OK. Mi 'dan ni'n gowbois da a 'dach chi'n Red Indians yn dawnsio o gwmpas y tân. Felly, 'dach chi ddim yn ein clywed ni'n dwad a 'dan ni'n eich atacio chi a 'dach chi'n trio cwffio ond 'dan ni'n gryfach na chi a 'dach chi'n marw, OK?'

Roedd pawb yn cofio'u llinellau, a'r rheiny'n ailbobiad fel arfer o'r ddeialog yr oeddem wedi'i chlywed hanner awr ynghynt yn y pictiwrs. Ac ar ôl gorffen yr olygfa honno a thrafod yr olygfa nesaf, mwy o ffilmio – nes oedd hi'n amser i Zorro fynd yn ôl i tŷ Nain am fara jam a Dandelion & Burdock.

Byth ers y dyddiau hynny, dwi wrth fy modd efo ffilmiau cowbois – *The Unforgiven*; *Pale Rider*; *Once Upon a Time in the West*; *The Man Who Shot Liberty Valance*; *True Grit*; *The Good, The Bad and the Ugly*; *Butch Cassidy and the Sundance Kid*, a'r ffilm gowboi orau ohonyn nhw i gyd – nage, nid y fersiwn Gymraeg o *Shane*, ond *The Magnificent Seven*.

Dim ond un o'r saith gwefreiddiol gwreiddiol sydd ar ôl. Fe fu farw dau arall y llynedd. Heb edrych ar yr atebion isod: a) Enwch y saith. b) Enwch y ddau fu farw'r llynedd. c) Enwch yr unig un o'r saith sydd ar ôl. Atebion: a) Yul Brynner, Eli Wallach, Steve McQueen, James Coburn, Charles Bronson, Robert Vaughn, Horst Buchholz. b) Horst Buchholz, Charles Bronson. c) Robert Vaughn.

Gyda llaw, yn ôl ffrind i mi, Tomos Morse, sy'n encyclopaedia sinematig ar ddwy goes, roedd teulu Robert Vaughn yn hannu o'r Bala. Rwan, ta! *'Hold it right there, buster!'* Roeddwn i wedi clywed fod 'na un neu ddau o gowbois yn y Plas Coch ar nos Sadwrn, ond hen daid

Robert Vaughn yn cael paned yn Salŵn y Cyfnod? Dwi ddim yn meddwl!

Cyn gadael *The Magnificent Seven*, gair am un o'r golygfeydd mwyaf cofiadwy yn y ffilm. Mae un o'r dihirod wedi dianc ar gefn ei geffyl ac i'w weld yn dringo'r allt yn y pellter. Prin y gallwch chi ei weld o na'i geffyl. Yn araf, mae Brett yn codi'i wn *forty-five* at ei lygaid. Gwn oedd fel arfer yn cael ei danio at darged bum llath i ffwrdd, rwan yn cael ei ddefnyddio i saethu dyn ddwy filltir i ffwrdd! Ond ffilm gowboi ydi hon. Ddylai lladd dyn sydd megis sbotyn du ar y gorwel – ac yn mynd yn llai – efo gwn llaw ddim bod yn broblem o gwbwl. Bang! Mae'n sylw ni wedi'i hoelio ar y dyn ar gefn ei geffyl. Mae'r fwled wedi'i thanio – ond does dim byd yn digwydd. Yna, ar ôl oes o aros, mae'r dyn yn y pellter i'w weld yn disgyn oddi ar ei geffyl. Mae Chico, sef Horst Buchholz, yn troi at Britt, sef James Coburn, ac yn cydnabod y gamp:

> Chico: *Ah, that was the greatest shot I've ever seen.*
> Britt: *The worst! I was aiming at the horse.*

Roedd y ddeialog yn y ffilm yn slic a'r llinellau'n gofiadwy – yn wir, roedd rhai o'r monologau bron â bod yn Shakespearaidd. Dyma i chi Charles Bronson, O'Reilly yn y ffilm, yn annerch y pentrefwyr y mae'r saith wedi dod i'w hachub o grafangau'r banditos cas dan arweiniad Eli Wallach:

> *Don't you ever say that again about your fathers, because they are not cowards. You think I am brave because I carry a gun; well, your fathers are much braver because they carry responsibility, for you, your brothers, your sisters, and your mothers. And*

this responsibility is like a big rock that weighs a ton. It bends
and it twists them until finally it buries them under the ground.
And there's nobody says that they have to do this. They do it
because they love you, and because they want to. I have never
had this kind of courage. Running a farm, working like a mule
every day with no guarantee anything will ever come come of it.
This is bravery.

Heb os, i mi, *The Magnificent Seven* oedd y ffilm
gowboi orau erioed – ar wahân, wrth gwrs, i'r *Gunfight at*
the Cae Reis Corral.

Ar wahân i gowbois a chomandos, roedd marblis a
choncyrs yn gemau tymhorol y byddem yn cael hwyl yn
eu chwarae. Roedd 'na wahanol ffyrdd o sicrhau fod eich
concyr chi yn mynd i goncro concyr pawb arall. Byddai
rhai o'r hogiau yn ei mwydo dros nos mewn finegr, neu
dail gwartheg. Eraill yn taeru bod y goncyr yn gryfach ar
ôl tynnu'r plisgyn. Ar ôl tyllu trwy ganol y goncyr efo
hoelen a chwythu trwy'r twll i'w lanhau, i mewn â'r
llinyn efo'r cwlwm ar y pen – a dyna chi'n barod i fod yn
un o'r concwerwyr. Roedd dinistrio pethau'n hwyl hefyd,
ac yn beryglus, yn enwedig os oeddech chi'n dinistrio
poteli llefrith. Ac nid wrth eu lluchio yn erbyn wal yr
oedd dinistrio'r rheiny. O! na – roedd ganddon ni ddull
llawer mwy soffistigedig na hynny…

Honno fyddai'r gêm boblogaidd o gwmpas diwedd
Hydref a dechrau Tachwedd, pan fyddai'r tân gwyllt yn y
siopau. Roedd coelcerthi Guto Ffowc yn cael eu
hadeiladu dros gyfnod o dair wythnos cyn y pumed, ym
Maeshyfryd, Dolafon ac ar y Graig Fawr ei hun uwchlaw
tref Llangefni. Hen deiars a thiwbiau, bocsus carbord,
hen bapurau newydd, coed, plastig ac eithin – dyna

fyddai cynnwys y goelcerth – ac wedyn hen drowsus a jympyr wedi'u stwffio â phapur i greu corff Guto, a hen gadach o dan hen het yn ben ar y cyfan.

Ar ôl prynu llond poced o Cannons a Bangers, allan â ni gyda'r nos pan fyddai'r poteli llaeth wedi'u gosod ar stepan y drws ar gyfer y dyn llefrith yn y bore. Cuddio tu ôl i wal y tŷ, cynnau'r Cannon, rhedeg i lawr y llwybr, gollwng y Cannon ffrwydrol i mewn i'r botel a rhedeg yn ôl i guddio, wedyn gwylio'r botel yn malu'n racs. Roedd 'na fersiwn arall o'r gêm oedd yn llawer mwy peryglus i berchennog y Cannon a pherchennog y botel. Y tro yma roedd yr amseru'n hollbwysig. Yn hytrach na chuddio a rhedeg a thanio a rhedeg yn ôl, y gamp oedd cerdded yn llechwraidd at y drws gyda'r Cannon yn eich llaw, heb ei thanio. Curo ar y drws, tanio'r Cannon, aros nes y gwelech chi rywun yn agosáu at y drws, a gollwng y Cannon gan obeithio y byddai'r botel yn ffrwydro fel roedd y drws yn cael ei agor. Dwi'n prysuro i ddweud na fu'r un ddamwain fawr o ganlyniad i'r ymosodiadau ar y poteli llefrith.

Ond fe *ges* i ddamwain ddrwg wrth ddod i lawr allt y stesion yn reidio un o'u tryciau nhw – tryc mawr i gario parseli efo pedair olwyn ymhob cornel, a handlan fawr y tu blaen oedd yn caniatáu i chi lywio'r tryc tra'n sefyll yn ei ganol. Cychwynnodd y daith ar yr allt ychydig yn uwch i fyny na Siop Guest a siop Huw Lloyd y barbar (lle byddai 'Nhad yn mynd â fi i gael torri fy ngwallt am swllt gan fy sodro yn y gadair a rhoi un gorchymyn i Huw: 'Skinnar!' Yr hyn o'i gyfieithu yw: 'Torrwch o mor fyr â phosib, nes bydd ei ben o'n edrych fel cefn cwningen.')

Erbyn hyn, roedd y tryc wedi codi dipyn o sbîd wrth

fynd heibio'r tro am Field Street a siop Gwen Preis. Ond digwyddodd rhywbeth i'r llyw, neu i'r llywiwr. Collais reolaeth, gan ddymchwel y tryc o flaen siop R. R. Jones, y Chemist. Handi iawn ar gyfer prynu'r plastars!

Y Dingle, Pandy, Llyn Pwmp, Llyn Sbwnyn, Graig Fawr, Cae Reis, Cae San – hwn oedd ein byd ni. Ond roedd 'na un lle arall oedd yn rhan annatod o 'mhlentyndod i – y dylanwad pwysicaf arna i, mae'n bur debyg, er nad oeddwn i'n sylweddoli hynny ar y pryd – y capel, Capel Smyrna.

6

Mae'n fore Sul ym Minny Street, capel yr Annibynwyr yng Nghaerdydd. 'Dewch ymlaen i'r sêt fawr i ddweud eich adnodau.' Fel arfer mae 'na rhyw ddeg yn ateb galwad y gweinidog, Owain Llyr. 'Duw cariad yw', 'Cenwch yn llafar i'r Arglwydd, yr holl ddaear', 'Da yw Duw i bawb'. Neb am gofio gwraig Lot heddiw.

Mae 'na un hogyn bach arall yn y sêt fawr y bore 'ma, neu o leia dwi'n credu 'mod i'n ei weld o. Yn sicir fe alla i glywed ei lais. Y fo ydi'r olaf i adrodd bob tro. 'Rwan Hywel, beth am eich adnodau chi?' Ia, adnodau – yn y lluosog.

Sôn am adnodau, dwi'n cofio i mi gael llythyr unwaith gan fam oedd wedi bod yn dysgu adnod i'r hogyn bach i'w hadrodd yn y capel: 'Na thrysorwch i chwi drysorau ar y ddaear, lle mae gwyfyn a rhwd yn llygru.' Yn y sêt fawr y Sul hwnnw fe adroddodd y bachgen bach ei adnod, ond yn lle sôn am y 'gwyfyn a'r rhwd yn llygru' fe adroddodd am y 'Gwynfryn a'r rhwd yn llygru'!

Bob nos Lun, byddai 'Nhad yn cyhoeddi pa adnodau yr oeddwn i'w dysgu erbyn y Sul canlynol. Yna, bob nos, byddwn yn cael fy nrilio ganddo. Fo'n cychwyn yr adnod, 'Dyrchafaf fy llygad i'r mynyddoedd...'; finnau'n ei gorffen hi, '...o'r lle y daw fy nghymorth'. 'Fy nghymorth a ddaw oddi wrth yr Arglwydd...'; finnau wedyn, '...yr hwn a wnaeth nefoedd a daear.'

A deud y gwir, fy nghymorth a ddeuai oddi wrth fy mam, oherwydd ar ôl pedair noson o ailadrodd yr adnodau yn null Dalek *Doctor Who*, byddwn yn cael fy nhrosglwyddo i'w gofal hi am y polish. Hi fyddai'n fy helpu i weld y farddoniaeth yn y geiriau ac yn sicrhau fy mod yn barod ar gyfer perfformiad caboledig o flaen cynulleidfa Smyrna.

Pan adawodd Mam y BBC yng Nghaerdydd a dwad i fyny i Langefni i fyw, dechreuodd actio ar y radio o Fangor a thrwy fynd efo hi i'r 'Penrhyn Hall' ar gyfer recordiad un prynhawn y cefais i fy nghyfle cyntaf. Mwy am hynny yn nes ymlaen. Pwy'n well, felly, i ddeud wrtha i sut i ddeud yr adnodau na rhywun oedd wedi cael ei thrwytho yn y grefft o actio ar radio ac ar lwyfan?

Felly, ar ôl pedair noson o ddysgu a dwy noson o ymarfer, roeddwn yn barod i wynebu'r gynulleidfa. Tydw i ddim yn cofio 'mod i'n nerfus o gwbwl. Er na toeddwn i ddim yn mwynhau'r orfodaeth nosweithiol o ddysgu, roedd y perfformio'n bleser pur, yn brofiad yr oeddwn yn ei fwynhau yn fawr.

Daeth fy nhro i. Rydw i'n edrych i gyfeiriad Mam y tu ôl i'r organ. Mae hi'n codi'i llaw at ei gên ac yn gwenu – arwydd i mi ddangos mynegiant wrth lefaru. Edrych i gyfeiriad 'Nhad a disgwyl am y nòd. Mae o'n symud 'i ben yn gynnil i fyny ac i lawr. Anadl ddofn, ac i ffwrdd â fi. 'Eithr deisyfwch y doniau gorau: ac eto yr wyf yn dangos i chwi ffordd dra rhagorol. Pe llefarwn â thafodau dynion ac angylion, ac heb fod gennyf gariad...' – ac yn y blaen. Llythyr cyntaf Paul at y Corinthiaid, diwedd pennod deuddeg, a phennod tri ar ddeg o'i dechrau i'w diwedd. Erbyn i'r perfformiad orffen – a chredwch chi fi,

59

perfformiad a hanner oedd o hefyd – roedd 'na anesmwythyd fel nefol wynt yn chwythu'n dawel trwy'r capel. Yn wir, fe aeth gwraig un o'r diaconiaid at y gweinidog un Sul a chan gwyno hi a gwynodd fy mod yn adrodd llawer gormod o adnodau, gan ychwanegu: ''Dach chi'n gweld, Mr Jones, y broblem ydi, am bod Hywel yn adrodd cymaint o adnodau, rydan ni'n colli dechrau *Sunday Night at the London Palladium*'. Pan glywodd 'Nhad yr hyn a ddywedodd Mrs Hughes, efe a ffromodd yn ddirfawr a holl Bron y Felin gydag ef, ac er mwyn dysgu gwers i wraig y diacon fe ddyblodd o fy nghwota o adnodau erbyn y Sul canlynol.

Sêt dau ddeg a phump oedd ein sêt ni, reit yng nghanol y capel. Weithiau fe fyddai Mam a Nain yn eistedd yn y sêt hefyd, a finnau'n cael fy ngwasgu rhwng y ddwy yn hapus iawn i dderbyn Imperial Mints gan y naill a Pear Drops gan y llall. Mae'n bosib mesur pa mor ddiddorol ydi pregethwr yn ôl faint o bethau da sydd raid i chi eu cnoi neu eu sugno yn ystod ei bregeth o. John Hughes – pedwar Imperial, un Everton Mint a thoffi; William Williams – dau Barley Sugar a Polo; Llywelyn C. Lloyd...

Llywelyn C. Lloyd oedd y pregethwr cyntaf dwi'n ei gofio. Yr unig beth welech chi wrth edrych i gyfeiriad y pulpud pan oedd Llywelyn Lloyd yn sefyll yno oedd mop mawr o wallt gwyn a thop ei sbectols. Dyn bychan oedd o. Wrth ei ochor o, mi fasa Sacheus yn dal. Dyn bychan – ond pregethwr mawr. Dwi'n dal i'w gofio'n pregethu ar y testun: 'Y mae'r gwynt yn chwythu lle y mynno, a chwi a glywch ei sŵn ef'. 'Ers talwm,' medda fo, 'roedd 'na gant chwe deg a saith o felinau gwynt ym

Môn. *One hundred and sixty seven.*' (Roedd ailadrodd yn Saesneg yn hanfodol er mwyn sicrhau fod y gynulleidfa'n gwybod fod y ffaith yn ddibynadwy ac yn gywir.) 'Maen nhw i gyd wedi mynd – *all gone* – pob un melin wynt wedi diflannu. Ond [oedi, i wneud yn siŵr fod pawb yn gwrando] mae'r gwynt yn dal i chwythu...'

Cofiaf bregethwr arall yn darlunio pwynt diwinyddol drwy sôn am eglwys ag iddi ffenestri lliwgar. Roedd un ffenest yn dangos y llu nefol yn bloeddio yn Saesneg: *'Glory to God in the highest.'* Ond meddai'r pregethwr: 'Roedd un o blant drwg y dref wedi lluchio carreg at y ffenest, a honno wedi taro'r gair *highest* yn ei ganol a chreu twll lle'r oedd y llythyren "e". A rwan, neges y ffenest oedd: *"Glory to God in the High St".'* Yna ychwanegu: 'A dyna sydd eisiau i ni wneud gyfeillion – mynd â neges yr Arglwydd o'r eglwys i'r stryd fawr.'

Un arall yn pregethu ar y testun 'Dilyn fi'. 'Ewch,' meddai hwnnw, 'a dywedwch wrth bawb am ddilyn Mab y Saer. Ie, gyfeillion – *the Carpenter needs joiners.'*

Weithiau roedd ymgais y pregethwr i esbonio'r ddiwinyddiaeth yn wan, a dweud y lleiaf. Byrdwn y neges y noson arbennig yma oedd: 'Cenwch yn llafar i'r Arglwydd, yr holl ddaear.' Meddai'r cennad: 'Mae canu a bod yn llawen yn bwysig mewn bywyd. Fe ddylem ni bob amser geisio canu yn wyneb anawsterau. Gyfeillion, dwi am fynd â chi i fwthyn yng nghanol y wlad. Mae hi'n noson oer o aeaf. Mae hi'n oer *iawn*, gyfeillion, ac ar un ochor i'r tân mawn yn y gegin mae'r meistr yn canu'n dawel iddo'i hunan. *He was singing*, gyfeillion. Ac ar yr ochor arall, tra'i bod hi wrthi'n gweu, mae'r wraig yn mwmian canu iddi hi ei hun. *His wife was singing*. Ond gyfeillion – a hyn sydd yn bwysig – er bod y forwyn yn eistedd wrth y bwrdd ymhell oddi wrth y tân, yn yr oerni, ac yn defnyddio'r peiriant gwnio, roedd hithau hefyd yn canu'n dawel i sŵn miwsig yr injan. *The maid was singing*. A wyddoch chi be, gyfeillion, roedd y peiriant gwnio hefyd yn canu ei chân – '*because the machine was a Singer too*'. Charles Williams adroddodd y stori yna i mi, ar daith o Gaerdydd i Fangor! Ydi hi'n wir? Pwy a ŵyr. Yn sicir, mae hi'n agos at y gwir.

Testun un bregeth gofiadwy a draddodwyd o bwlpud capel Smyrna yn y flwyddyn 1952 oedd '*Quo Vadis?*'– i ble 'dan ni'n mynd?

Dwi'n cofio'r flwyddyn, oherwydd fy mod i'n ddeg oed ar y pryd ac wedi dysgu'r bregeth ar fy nghof ar ôl i Mam ei sgwennu i mi. Dwi'n dal i gofio geiriau cynta'r bregeth: 'Cyn i ni allu dweud i ble 'dan ni'n mynd, gyfeillion, mae'n bwysig ein bod ni'n gwybod o ble 'dan ni wedi dod. Mae'r cefndir a'r gwreiddiau a'r ffordd 'dan ni wedi cael ein magu yn mynd i gael dylanwad yn y pendraw ar y llwybr y byddwn ni'n ei ddewis.' 'Amen' clir gan fy nhaid, oedd yn bregethwr lleyg ac yn gobeithio y byddai ei ŵyr ryw ddiwrnod yn dewis y llwybr a fyddai'n ei arwain i Bala-Bangor a'r weini-dogaeth. Nid felly y bu, ond yn sicir yng Nghapel Smyrna y plannwyd hadau'r perfformiwr a'r perfformio, oherwydd fe gafon ni ddigonedd o gyfle i actio a chanu a darllen ac adrodd yn y sêt fawr.

Yr uchafbwynt, wrth gwrs, oedd Drama'r Geni.

'Reit ta. Hisht! Pawb yn dawel. Oes 'na rywun wedi gweld y baban Iesu?' (Llais awdurdodol Mr Idris Davies, Argraig.)

'Plîs, Mr Davies, dwi'n meddwl 'i fod o ar sêt gefn car Mr Eic Thomas.'

'Wel, ewch i'w nôl o. A thra 'dach chi wrthi, dudwch wrth y doethion am styrio.' (Idris Davies oedd Cecil B. DeMille Drama'r Geni. Roedd o'n ddyn busnas – busnas paraffîn – a phetai'r morynion ffôl wedi bod yn ddigon call i fynd â'u lampau at Idris Davies, mi fasan nhw yn y briodas efo'r bump arall.)

'Dowch i ni drio'r garol unwaith eto, a chofiwch ynganu'r geiriau'n glir: "I orwedd mewn preseb" – dau air, "i orwedd", nid "Iorwerth".'

'Mr Davies?'

'Ia?'

'Ma'r baban Iesu ar goll, ac ma' un o'r doethion wedi colli ei anrheg ac yn gofyn geith o roi swîts i'r baban.'

'Be mae o'n awgrymu – aur, thus a Mars-bar? Iawn ta. Y garol nesa ydi: 'Ni a'th siglwn'. Ar ôl tri... Un, dau, tri!'

'Ni a'th siclwn, siclwn, siclwn; ni a'th...'

'Stopiwch! "Ni a'th siglwn" ydi o – nid "siclwn". Trio'i gael o i *gysgu* rydach chi, nid trio'i neud o'n *sâl*.'

'Ond Mr Davies, os ceith o Mars bar mi *fydd* o'n sic!'

'OES 'NA RYWUN WEDI GWELD Y DDOL?'

A hwy a gawsant y dyn bach wedi'i lapio mewn lliain golchi llestri a'i ollwng y tu ôl i'r organ.

Mae'n syndod be oedd yn bosib efo lliain bwrdd gwyn, pyjamas, dressing-gown, 'chydig o binnau a lot o ddychymyg. Yn fy achos i, ar ôl gwisgo'r rheina, fi oedd Joseff. Eirian Harries oedd Mair. Hefin Owen, John Llew Hughes a Peter Harlech Jones oedd y doethion. Ac yna, fry yn y nen, efo'u hadenydd becyn-ffoil a tinsel ar bob talcen – yr angylion, yn edrych yn ofnadwy o annhebyg i lu nefol.

Pob un ond un. Myris Thomas, merch Eic Thomas a Jini, a chwaer Glyn a Celfyn. Fuon ni erioed yn gariadon, ac eto roeddwn i wrth fy modd yn ei chwmni hi. Ar ôl capel ar nos Sul byddwn yn cerdded adref efo Myris a'r hogia neu yn cael fy ngharïo yng nghar mawr Eic Thomas i Penmorfa, lle'r oedd y teulu'n byw mewn tŷ wedi'i gynllunio gan Eic Thomas, oedd yn bensaer wrth ei alwedigaeth. Wrth geisio tyrchu yn y cof am luniau o Eic, dwi'n gweld nifer o ddelweddau diddorol – mwstash trawiadol o dan ei drwyn, Eic yn noeth at ei ganol mewn pâr o shorts yn palu'r ardd am chwech o'r gloch y bore, Eic Thomas yn rhoi halen ar ei frechdan, Eic Thomas yn gofalu amdanom ar y trip Ysgol Sul i Fae Colwyn a'r Rhyl. A chofiaf unwaith i mi fynd i mewn i Gapel Smyrna yn ystod yr wythnos a gweld Eic ar ben sgaffolding yn efelychu Michelangelo. Fe beintiodd do'r capel i gyd ar ei ben ei hun, mewn lliwiau ysgafn o wyrdd a glas a phinc. Llafur cariad. Dyn mawr – calon fawr.

Y prif reswm pam roeddwn i wrth fy modd yn galw heibio Penmorfa ar ôl capel oedd fod y teulu yn gwylio'r teledu – ar nos Sul! Ac yn waeth na hynny, roeddan nhw'n gwylio ITV! Yn sicir, toedd y Bod Mawr ddim yn gwylio teledu ar y Saboth, a phetai o, mae'n bur debyg mai gwylio'r BBC fasa fo. Fwy nag unwaith fe ges i lolian ar y soffa gyfforddus ym Mhenmorfa yn gwylio'r teledu ac yn yfed gwydraid bach o win cartref Jini. Dyna'i chi be oedd pechu – go iawn.

Mae'n nos Sul ym Minny Street – y capel lle'r oedd 'Nhad a Mam hefyd yn aelodau. Pan ddeuai 'Nhad adref o'r môr am ychydig o *shore leave*, i'r harbwr yma y byddai'n dwad ar nos Sul.

Bellach, rydw innau'n aelod yma ers blwyddyn. Pan glywodd un o'm ffrindiau fy mod i wedi ailddechrau mynd i'r capel, y cwestiwn rhyfedd ofynnodd hi i mi oedd 'Pam?' Petawn i wedi dweud wrthi fy mod wedi ymaelodi yn y ganolfan Ymarfer Corff leol, fe fyddai wedi fy llongyfarch a dweud: 'Da iawn. Roedd angen iti wneud rhywbeth.' Ond gan fy mod i wedi ymaelodi yn y capel, mae 'na fymryn o amheuaeth fy mod wedi mynd yn od. Yr awgrym ymhlyg yn y cwestiwn 'Pam?' ydi fod rhywbeth yn bod arna i, neu fod hwn yn un arall o'r 'ffads' – fel chwarae golff neu wersi Ffrangeg neu arddio, a dwi wedi potsian efo'r rheina i gyd yn eu tro hefyd.

Yr ateb gafodd hi i'r 'Pam?' oedd: 'Dwi ddim yn gwbod.' Y cyfan wn i ydi bod ffrind wedi gofyn i mi a oeddwn i'n meddwl mynd i'r capel y Sul hwnnw, a finnau wedi dweud na toeddwn i ddim yn mynd bellach. *'Been there, done that, got the sandals.'* Chwarae teg i'r ffrind, ddaru o ddim pwyso, ond y bore Sul hwnnw fe'm cefais fy hun yn ei gar ac ar y ffordd i Minny Street. O'r eiliad yr es i i mewn drwy ddrysau'r capel, canu'r emyn a gwrando ar genadwri ysbrydoledig y gweinidog, Owain Llyr, fe wyddwn fy mod wedi gwneud y penderfyniad iawn.

Erbyn hyn, fe allaf ateb y cwestiwn 'Pam' yna hefyd. Mae'r fagwraeth gefais i yng Nghapel Smyrna yn rhan annatod ohona i, ac wedi bod yn gweithio'n dawel – heb i mi wybod – fel y lefain yn y blawd. Bellach, rydw i'n mwynhau gwrando ar y neges ar y Sul ac yn ceisio gweithredu'r genadwri ar y Llun. Mae f'agwedd i at fy nghyd-ddyn a'm gwerthoedd wedi newid. Yn rhyfedd iawn, dwi'n credu bellach yr hyn yr oedd 'Nhad yn ei gredu, sef mai un o'r adnodau pwysicaf yn y Beibl ydi hon: 'Dos a gwna dithau yr un modd.' Efallai na tydw i ddim yn darllen y *Big Issue,* ond o leia dwi'n ei brynu o rwan.

7

Dwi wedi bod yn perfformio erioed. Ers y dyddiau cynnar hynny pan fyddwn i'n eistedd ar wal tŷ Nain ac yn smalio bod yn Jeremy Paxman drwy holi pobol ar eu ffordd adra o'r dre yn ddidrugaredd am gynnwys eu basgedi siopa, bu perfformio yn y gwaed. Yn yr ysgol, fi oedd clown y dosbarth. Bob amser yn barod efo'r ateb parod, fyddai'n amal iawn yn golygu fy mod yn treulio ychydig o amser yn weddol reolaidd tu allan i ystafell y prifathro.

Roedd hyd yn oed y dawnsio yn Neuadd y Dre ar nos Sadwrn yn berfformiad. Cyn mynd allan byddai'n rhaid paratoi yn drylwyr a gwisgo i fyny fel actor ar gyfer y ddawns. Ar y pryd, roedd steil gwallt Tony Curtis – sef y *kiss curls* – yn boblogaidd, ac yn gymharol hawdd i'w efelychu. Y cwbwl oedd raid ichi'i wneud oedd llenwi'r sinc efo dŵr ac yna trochi'ch pen yn gyfan gwbwl, wedyn agor y tin Brylcreem a rhoi'ch dau fys i mewn i'r hylif gwyn, ei rwbio yn eich gwallt a gadael iddo sychu'n naturiol. Newid i'r siwt las efo'r trowsus *drainpipes* tynn a'r sgidiau du blaen main, crys gwyn, a thei denau fel carai esgid, ac ar eich ffordd allan trwy'r drws ffrynt cofio ysgwyd eich pen er mwyn i'r gwallt ddisgyn yn gudynnau cyrliog ar eich talcen. Lawr i'r Town Hall i ddawnsio efo'r Tom Lennon Trio (dim perthynas i John, ac mi oedd 'na bedwar ohonyn nhw yn y Trio) – ac yn nes

67

ymlaen, The Anglesey Strangers. Byddwn wrth fy modd yn jeifio efo Rhonwen Jones a Helen Simpson ac yn tynnu sylw ataf fy hun trwy greu symudiadau newydd i guriad y band. Dyna un perfformiad nos Sadwrn drosodd, ac un arall ar y gorwel pan fyddwn yn ymarfer dweud fy adnodau! Eto i gyd, er bod yr awydd i berfformio wedi bod ynof o'r crud, wnes i erioed feddwl y buaswn i'n ennill fy mywoliaeth fel perfformiwr – hyd yn oed ar ôl imi gael fy rhan gyntaf mewn drama radio.

Crybwyllais eisoes y byddai Mam yn actio'n amal iawn ar y radio yn y dyddiau cynnar, a byddwn innau wrth fy modd yn ei holi ar y ffordd i Fangor yn y bỳs Crosville am ei gwaith fel ysgrifenyddes efo'r BBC yng Nghaerdydd a Bangor.

Dyddiau arloesol oedd y rheiny pan oedd Myfanwy Howell, Nan Davies, Ifan O.Williams, Dyfnallt Morgan a Sam Jones yn cynhyrchu rhaglenni. 'Babi Sam' oedd y BBC ym Mangor, a Sam Jones roddodd enedigaeth i'r *Noson Lawen* efo Triawd y Coleg (Merêd, Cled a Robin), Bob Roberts, Tai'r Felin ('pop star' cyntaf Cymru, yn ôl Dafydd Iwan), a'r Co Bach.

Dwi'n cofio gwrando ar y rhaglenni ar y radio yn nhŷ Nain – glannau chwerthin ar ben jôcs Charles a T. C. Simpson yn y rhaglen *Camgymeriadau*, a dotio at dalentau Emrys Cleaver, Dic Hughes, Ieuan Rhys Williams, Sheila Huw Jones, Megan Rees, Olwen Rees a'r anfarwol Charles Williams ei hun.

I Elwyn Evans, mab Wil Ifan, yr oedd Mam yn gweithio yng Nghaerdydd, ac mae'n rhaid bod 'na berthynas go arbennig rhwng y ddau gan iddo gyfansoddi englyn iddi pan adawodd hi'r ddinas, a symud i Sir Fôn:

> Mi alaraf am Lowri – hi ym Môn,
> Minnau 'mhell heb gwmni;
> O! doed yn ôl heb oedi
> Â'i swyn mwyn i'r BBC.

Ar ôl symud i Langefni y cychwynnodd ei diddordeb mewn actio, ar y radio i ddechrau ac yn nes ymlaen ar y llwyfan. Roedd hi a 'Nhad yn aelodau o Gymdeithas Ddrama Llangefni, a ffurfiwyd ym 1949 yn unswydd i berfformio *Catrin*, y ddrama a enillodd i F. G. Fisher Dlws y Ddrama yn Eisteddfod Genedlaethol Dolgellau y flwyddyn honno (yr Eisteddfod lle'r enillodd Rolant o Fôn – ac yn bwysicach, o Langefni – y Gadair am ei awdl 'Y Graig'.)

Mam oedd yn chwarae'r brif ran, sef Catrin y Llydawes yn Llys Llywelyn. Yn actio gyda hi roedd Harri Pritchard Jones un ar bymtheg oed, oedd ar y naill law yn chwarae'r ffŵl ond ar yr un pryd ddim yn gymaint o ffwl â hynny lle'roedd Catrin yn y cwestiwn. Mae'n dda bod J. O. Roberts yn y cynhyrchiad hefyd yn cadw golwg mynachaidd ar y ddau. A dyna esbonio'r 'affêr' a gafodd Harri efo Mam!

Roedd y cynhyrchiad yn ddigon llwyddiannus i gyfiawnhau perfformiad arall yng Ngŵyl Ddrama Genedlaethol gyntaf Cymru. George Fisher roddodd ei gyfle cyntaf i fachgen ifanc oedd ar ei drydedd flwyddyn yn Ysgol Ramadeg Llangefni ar y pryd. Fo chwaraeodd ran Amig yng nghynhyrchiad George Fisher o ddrama

Saunders Lewis, *Amlyn ac Amig*. A'r actor ifanc? Ia, y fo unwaith eto – y bytholwyrdd J. O. Roberts.

Doedd ffurfio Cymdeithas Ddrama ond megis yr act gyntaf yng ngyrfa theatrig a dramatig George Fisher. Ei uchelgais oedd sefydlu Theatr Fach, ac erbyn y trydydd o Fai, 1954, roedd hen 'sgubor ar Stad Pencraig wedi'i haddasu yn theatr fach gartrefol efo dros drigain o seti cyfforddus wedi'u symud yno o Neuadd y Dref, Pwllheli yn barod i groesawu'r gynulleidfa i weld *Rwsalca*, cyfaddasiad i'r llwyfan gan Cynan o waith Pushkin.

Roeddwn i'n adnabod Fisher fel athro Mathemateg, ac fel dyn ar dân er daioni'r theatr. Byddai'r tân hwnnw'n poethi'n amal – doedd gan Fisher fawr o amynedd. Hawlio cefnogaeth, mynnu ei ffordd ei hun oedd ei ddull o, ac mae'n wir i ddweud na fyddai'r theatr wedi cael ei chodi oni bai am ei agwedd unbeniaethol a'i gymeriad carismataidd o.

Dwi'n cofio un cynhyrchiad yn y theatr am reswm arbennig. Ddeng niwrnod cyn y perfformiad cyntaf o'r ddrama *Nid yw Dŵr yn Plygu*, fe aeth y prif actor yn sâl. [MIWSIG DRAMATIG rwan, plîs!] Roedd yn rhaid dod o hyd i rywun efo cof fel eliffant. Rhywun oedd yn gallu dysgu llinellau'n gyflym ar ei gof. Rhywun oedd yn byw yn ymyl y theatr. Rhywun oedd wedi actio ar lwyfan yr ysgol yn y ddrama *Devil's Disciple*, ac ar y radio fel Glyn bach yn *Teulu'r Siop*. Pwy ond... [MIWSIG eto] Hywel, mab Gwyn a Lowri. A chan ddefnyddio'r dechneg boliparot o ddysgu adnodau, wedi'i haddasu ychydig, fe ddysgais y rhan mewn deng niwrnod. Dwi'n dal i ddisgwyl am yr Oscar.

Arwyddair Theatr Fach Llangefni ydi'r cyfieithiad

hwn o ddyfyniad o waith Shakespeare: 'Cysgodion ydym – fel cysgodion yr ymadawn'. Fe ddylai'r geiriau yna gael eu hysgrifennu ar lech calon pob un sy'n cyfrif ei hun yn berfformiwr o unrhyw fath. Ydan, rydan ni'n rhoi ychydig o bleser i'r bobol sy'n ein gwylio a'n clywed – ond oes 'na werth parhaol mewn gwirionedd i'r hyn a wnawn? Fe ddefnyddiodd Gwilym Owen ddyfyniad o waith Syr T. H. Parry-Williams fel teitl i'w hunangofiant o – 'Crych dros dro'. Dyna ydan ni – 'crych dros dro' ar wyneb y dŵr. Diflannu wnawn ninnau o lwyfan amser, fel cysgodion.

'Nôl â ni ar y bws i Fangor! Ar ôl mynd i mewn i Neuadd y Penrhyn yn llaw fy mam yn hogyn deuddeg oed, fe ddaeth Wilbert Lloyd Roberts, un o gynhyrchwyr drama'r BBC ym Mangor, draw am sgwrs. Esboniodd ei fod yn bwriadu cynhyrchu opera sebon a'i fod o'n chwilio am fachgen ifanc i chwarae rhan Glyn, mab teulu'r siop. Esboniodd Mam fy mod wedi bod i'r *Smyrna Chapel School for Young Performers*, ac wedi adrodd ychydig mewn eisteddfodau lleol. Efallai mai cyfeirio roedd hi at eisteddfod leol Llannerch-y-medd, lle'r enillais ddau swllt am adrodd 'Rownd yr Horn' gan Simon B. Jones:

> *'Furl the Royals!'* Ac ymhen bachigyn
> Roedd chwech ohonom fry yn y rigin
> Yn dringo a chroesi fel brain ar goed…

…ac yn y blaen, nes i mi hwylio rownd yr Horn yn llwyddiannus a chyrraedd adra o flaen y morwyr eraill yn y gystadleuaeth ac ennill dau swllt. (Dwi'n credu fy mod wedi ennill cydymdeimlad y beirniad hefyd, gan i mi nid yn unig frwydro yn erbyn y storm ar y môr ond yn ogystal yn erbyn cyfarthiad ci y tu allan i'r capel, oedd yn bygwth boddi fy mherfformiad grymus. Sylw un o'm ffrindiau oedd: 'Y ci ddylia fod wedi cael cynta, a chditha'n ail'!)

Ta waeth, wedi clywed am fy ngorchest eisteddfodol – ac ar ôl i Mam orffen canmol ei hunig blentyn – rhoddodd Wilbert sgript yn fy llaw a gofyn i mi ei darllen o flaen y meicroffon. Cofiaf imi fynd i'r bŵth lle'r oedd meicroffon mawr brown yn crogi o'r to a stand ar y dde efo golau bach gwyrdd arno, a chlywed llais anweledig duw'r cynhyrchiad yn dweud dros y *talk-back*: 'Iawn 'ta, Hywel. 'Newch chi ddarllen y sgript i ni gael clywed eich llais?' Fe glywyd y llais a duw y radio a ddywedodd mai da oedd.

Dyna'n syml sut y cefais fy ngwaith proffesiynol cyntaf ar y radio hanner can mlynedd yn ôl i eleni. Nid oherwydd fy mod i'n arbennig o dalentog ond oherwydd fy mod i wedi bod yn arbennig o lwcus. Lwcus, os liciwch chi, bod Mam yn actores. Lwcus hefyd fy mod yn digwydd bod ym Mangor ar yr *un* diwrnod hwnnw pan oedd Wilbert yn castio'r rhan.

Ar hyd fy oes, mae Rhagluniaeth wedi gofalu amdanaf ac wedi gwneud yn siŵr fy mod yn y lle iawn ar yr adeg iawn. Pe bawn heb fynd i Fangor y diwrnod hwnnw, neu wedi mynd yno drannoeth, fyddwn i ddim wedi cyfarfod Wilbert ac fe fyddai rhywun arall wedi cael y rhan.

Oherwydd i mi fynd, cefais gyfle i wneud mwy o actio, a dod dan ddylanwad Evelyn Williams, un o gynhyrch-wyr *Awr y Plant*. Flynyddoedd yn ddiweddarach, fe fyddai Evelyn yn cofio'r hogyn bach oedd yn actio yn y ddrama *Face in the Rock*, ac yn rhoi cyfle i mi gyflwyno *Telewele*. Yna fe fyddai Nan Davies, un arall o arloeswyr darlledu ym Mangor, yn rhoi cyfle i mi gyflwyno *Heddiw* gydag Owen Edwards, er fy mod wedi bwriadu mynd yn athro Drama.

Tydi lwc heb dalent ddim yn mynd i sicrhau bywoliaeth i chi am ddeugain mlynedd fel darlledwr, ond os ydach chi am gael oes hir yn y busnas (dwi ddim am roi'r gorau iddi nes y bydda' i ymhell dros fy nghant!) mae'n rhaid i chi gael lwc – neu o leiaf mae'n rhaid i chi *greu* eich lwc. Peidiwch ag eistedd ar eich tin yn cwyno nad oes neb yn rhoi bywoliaeth ar blât o'ch blaen. Ffoniwch, sgwennwch, gadewch i bobol wybod eich bod chi ar gael.

Ar un adeg, roeddwn i wedi meddwl rhoi teitl arall i'r llyfr yma – *Bildio Drws*! 'Os nad yw cyfle'n curo, adeilada ddrws,' meddai rhyw hen ŵr doeth o Tsheina. Os adeiladwch chi ddrws, a churo ar y drws hwnnw, 'fe agorir i chwi'. Mae'n bosib iawn y bydd cynhyrchydd yn eistedd yr ochor arall i'r drws yn barod i gynnig gwaith i chi. Ail-greu eich hun drwy'r amser a datblygu i'r eithaf unrhyw dalent sydd ganddoch chi, gan obeithio hefyd medru bod yn y lle iawn ar yr amser iawn – dyna'r neges.

Ym 1954, y lle iawn i mi fod oedd Neuadd y Penrhyn, oherwydd fe ges i gyfle i actio'n ifanc iawn yng nghwmni sêr y radio a dysgu llawer iawn yn eu cwmni – yn enwedig o dan adain Charles Williams. Ar y radio bryd hynny, Charles oedd y Tywysog. Charles a T. C. Simpson, a Ieuan Rhys Williams a Megan Rees, fyddai'n gwneud i'r genedl chwerthin yn y sioe *Camgymeriadau* efo cymeriadau fel Mrs Faciwym Ifans, Sali Folatili (chwaer

Amonia), a Cyrnol Sandbag efo'i gyfarchiad heddychlon i bawb – 'Tanc-nefedd!'

Cefais sgwrs yn y Llyfrgell Genedlaethol gyda Merêd tua blwyddyn yn ôl, a'r ddau ohonom yn rhannu atgofion am ddyddiau cynnar rhaglenni ysgafn ar y radio a'r teledu. Atgoffodd fi fy mod i a'm ffrind, Derek Boote, wedi canu am Wili Cheinî – arwr un o ganeuon mawr Triawd y Coleg – yng nghyngerdd yr ysgol, a fynta Merêd yn digwydd bod yn y gynulleidfa. Cawsom gyfle i ganu'r gân bedair blynedd yn ddiweddarach ar y teledu pan oedd Merêd yn Bennaeth Rhaglenni Ysgafn y BBC. Dyna ichi Ragluniaeth wrth ei gwaith unwaith eto...

Ond yn y cyfamser, dowch imi fynd â chi 'nôl i Langefni, at y cloc mawr yng nghanol y Sgwâr, lle mae Charles Williams yn disgwyl amdanaf yn ei Forris 1000 du i roi lifft i mi i Fangor i ymarferion *Teulu'r Siop*. Erbyn i ni gyrraedd Tyrpeg Nant, fe fyddai Charles wedi dechrau'r wers.

'Rwan Hwal, wti wedi bod dros dy leins, y ngwash i?'

'Do, Charles.'

'Ac wti wedi yndyrleinio dy bart mewn pensal goch?'

'Do, Charles.'

'Be am y *flicks*? Wti wedi sgwennu 'F' yn y marjin bob tro ti'n cal gola gwyrdd?'

'Do, Charles.'

'Reit. Darllan dy bart i mi.'

Yna byddwn yn darllen y llinellau ar dudalen 11, 25, 37 a 44, a Charles yn dreifio trwy'r Gaerwen a Llanfairpwll a Phorthaethwy.

Ar ôl gorffen darllen, distawrwydd. Yna ebychiad tawel gan y meistr:

'Mm… Deud wrtha i rwan, Hwal, be wti newydd neud?'

'Darllan y sgript, Charles.'

'Yn hollol. Da i ddim. I *siarad* hi wti fod i neud, nid i *darllan* hi.'

Mewn geiriau eraill, bod yn naturiol. A dyna'r gamp – bod mor naturiol â phosib mewn cyfrwng mor annaturiol. Y clod mwya fedrai unrhyw un ei dalu i mi fyddai dweud: 'Wyddoch chi be, Hwal, dwi'n teimlo'ch bo chi yno efo fi yn y gegin. Er bod 'na filoedd yn gwylio, neu'n gwrando, nid i filoedd ydach chi'n darlledu ond i un teulu'. Chwadal un o athronwyr mwya'r byd a rhannau o Roslan: '*Personal touch* – hwnna ydio.' Neu o leia, dyna ddylia fo fod.

Cefais bedair blynedd o brentisiaeth radio ym Mangor, a bûm yn ddigon ffodus i gael fy nghyn-hyrchu gan y goreuon, megis Ifan O. Williams, Emyr Humphreys, Evelyn Williams, Lorraine Davies a Wilbert. Ond ym 1958, daeth y cyfan i ben.

Penderfynodd 'Nhad fod yn rhaid i mi ganolbwyntio ar yr arholiadau, ac fe gysylltodd â'r BBC i ddweud na fyddwn ar gael ar gyfer unrhyw ddarllediadau. Roedd 1958 yn anws uffernol o horibilis i mi. Fe'm gorfodwyd i aros yn y tŷ bob nos o'r wythnos (gan gynnwys nos Sadwrn) i astudio ar gyfer yr arholiadau Lefel O – O am ochneidio, O am ofnadwy, O am 'opless! Sefais arholiad mewn wyth pwnc, a phasio pedwar.

8

Yn y flwyddyn 1953 y daru pawb yng Nghymru eistedd i wylio'r teledu.

Cyn hynny, roedd pawb wedi bod yn gwylio'r telifishion, achos doedd y gair 'teledu' ddim yn bod. Ym 1954 y bathwyd hwnnw, o ganlyniad i gystadleuaeth yn *Y Cymro* gyda neb llai na T. H. Parry-Williams yn brif feirniad. Ymhlith y cynigion a dderbyniwyd roedd geiriau fel llunledu ac anweledu – a chynnig gwreiddiol (fel basach chi'n disgwyl) gan gofis Caernarfon, bocs stagio. Ar ba fath o raglenni teledu y basach chi wedi stagio ym 1953, 'sgwn i?

Wel, 'tasach chi'n onest, mi fasach yn cyfaddef i chi fwynhau holl rwysg ac ysblander coroni'r Frenhines Elizabeth (ydi'r mẁg gynnoch chi o hyd?). Dwi'n cofio gweld Blackpool yn curo Bolton o bedair gol i dair, a Stanley Matthews yn profi mai fo oedd seren y maes pêl-droed.

Roedd Islwyn Ffowc Elis a Jo Stalin yn y newyddion y flwyddyn honno. Islwyn Ffowc oherwydd mai ym 1953 y cyhoeddwyd ei nofel gyntaf, *Cysgod y Cryman*, a Jo Stalin oherwydd i gysgod cryman marwolaeth ddisgyn ar draws ei fywyd. Efallai i chi deithio i'r Steddfod yn eich car newydd. Os mai Ford Popular newydd sbon oedd o, mi oeddach chi wedi talu ffortiwn amdano fo – £390. Roedd buddugoliaeth Dilys Cadwaladr mor *popular* â'r Ford

– hi oedd y ferch gyntaf i ennill y Goron. Ac roedd concro Everest ym 1953 yn goron ar ymdrechion Hillary a Tenzing a'r ddau Gymro oedd yn rhan o'r tîm, Charles Evans, y dirprwy arweinydd, a Griffith Pugh, y ffisiolegydd.

Ac wrth ymlwybro tua'r ysgol newydd, gyda gobaith un mlwydd ar ddeg yn fflachio yn fy llygaid gleision, mi faswn wedi gweld poster tu allan i'r Arcadia yn dweud fod 'na brofiad sinematig newydd sbon ar ei ffordd o Hollywood i Langefni – *cinemascope*! A Liz Taylor a Richard Burton ar eu ffordd acw yn y ffilm grefyddol siwgwrllyd, *The Robe*.

Petai Pathé News wedi dwad i ffilmio i Langefni ym 1953, fe fyddai'r ceiliog oedd yn clochdar ar ddechrau'r newyddion wedi cyhoeddi hyn: *'A new school has just opened in a small Anglesey Town. Llangefni goes Comprehensive! Only the second school in Britain to say goodbye to the old grammar school system.'* Fe aeth yr anrhydedd o fod yr ysgol gyfun gyntaf trwy Ynysoedd Prydain i Ysgol Syr Thomas Jones, Amlwch; fe godwyd honno ym 1951.

Os mai Llangefni oedd yr ail trwy Brydain, y ni oedd y disgyblion cyntaf – 850 ohonom, yn cynrychioli deuddeng ysgol gynradd. Roedd 37 ar y staff, rhai ohonyn nhw'n gyn-athrawon yr Ysgol Ramadeg: Hughes English, Young Bach Geog, Hughes Chemi, Llew Jones History, Fisher Maths, Richards Latin, Will Phys, a Haf Morris – ia, *yr* Haf Morris – a Catherine Evans yn athrawon Cerdd. Ac yn ben ar y cyfan – yn wir, yn ben moel ar y cyfan – 'Convict' i rai, 'Boss' i eraill, ond Mr Davies y Prifathro i bawb oedd yn cael ei alw i'w ystafell, oedd yn golygu 'mod i wedi'i alw fo'n Mr Davies droeon.

Does gen i ddim syniad rwan be oeddwn i'n ei wisgo bythefnos i heddiw, ac eto dwi'n cofio fel ddoe cael gorchymyn i fynd i lwyfan y neuadd fawr a cherdded i fyny ac i lawr yn fy ngwisg ysgol. 'Mae Hywel Evans, 20 Bron y Felin, Llangefni, yn gwisgo creadigaeth mewn marŵn, gwyn a llwyd. Trowsus hir llwyd gyda thyrnyps, crys gwyn, tei gyda streipen o liw grawnwin i ddynodi ei fod yn nhŷ Aethwy, siwmper lwyd a siaced farŵn. Mae ei wallt wedi ei dorri'n fyr [diolch i Huw Barbar] ac mae ganddo resan wen yn ei wallt. Mae Hywel Evans hefyd yn teimlo'n rêl prat yn cael ei baredio fel hyn o flaen yr ysgol i gyd.'

Y cam nesaf yn fy addysg uwchradd oedd penderfynu i ba gorlan y byddwn yn mynd. Ffrydio oedd y gair mawr. Os oeddech chi'n weddol beniog, yna byddai'r llythyren A yn cael ei stampio ar eich talcen. Doedd B ddim cweit cystal. Angen gwneud yn well yn C – ac ymlaen nes cyrraedd H. Ond nid H am Hywel y tro yma. Fe ges i fy rhoi yn nosbarth 1A.

Ond sut oedd yr ysgol yn penderfynu pwy oedd yn mynd i ble? Trwy osod papur arholiad oedd yn profi'ch gallu i osod siapiau od yn y bocsus cywir, creu enwau o anagramau a llenwi bylchau. Dwi'n dal i gofio un cwestiwn llenwi bwlch: *Dog is to kennel as badger is to —*'. Os deudoch chi 'sett', rydach chithau'n haeddu mynd i 1A. Ond cyn ichi fynd, fedrwch chi ateb y cwestiwn mathemategol yma? 'Os ydi tri dyn yn medru tyllu twll sy'n bedair wrth dair troedfedd ar draws ac yn chwe troedfedd o ddyfnder mewn tri diwrnod a hanner, faint o amser gymerai hi i bedwar dyn ddod i'r casgliad fod cwestiynau fel hyn yn hollol wirion?'

Er na toeddwn i ddim yn academig glyfar yn yr ysgol, gallwn ddysgu pethau'n gyflym – diolch i'r holl ddysgu adnodau! Ac yn amal iawn, dysgu pethau heb eu deall. Hyd heddiw, mae gennyf un ystafell yn fy mhen sy'n llawn o wybodaeth nad oes gennyf unrhyw ddefnydd iddi: *'Radioactivity is a high speed helium nucleus, formed when atoms of uranium, radium and other metals undergo a spontaneous radioactive breakdown... Amo, amas, I love a lass and she was tall and slender/ Amabo, amabis, I gave her a kiss and called her my feminine gender...* Enwau brodyr Joseff? Reuben, Simeon, Lefi a Judah, Issachar, Zabulon, Benjamin, Dan a Naphtali, Gad ac Aser... *King John was anything but keen / On the Magna Carta in twelve fifteen; Columbus sailed the ocean blue / In fourteen hundred and ninety two...'*

Bob nos Fawrth yn ystod y bumed flwyddyn yn yr ysgol, sef blwyddyn y Lefel O (O be 'na i?), byddai 'Nhad yn troi at y llyfr Lladin ac yn cynnig swllt i mi am ddysgu paragraff mewn cyfieithiad erbyn iddo fo ddod yn ôl o'r cyfarfod gweddi yn y capal: *'Cum Caesar in bello Gallico... When Caesar was in hither Gaul, frequent rumours reached him, and he was likewise informed by a dispatch from Labenius that all Gaul were up in arms and revolting against the Roman People.'* Mae'n rhaid ei fod o wedi gweddïo'n galed oherwydd fe lwyddais i basio Lladin. *Mirabile dictum!*

Beth am chwarae gêm? Gewch chi enwi'r athro, ac fe wna' innau ddeud y peth cyntaf sy'n dwad i fy meddwl i ar ôl clywed ei enw. Iawn? *Dwi'*n barod.

a) Young Bach (Daearyddiaeth) – *'Bring to me'*. Os oeddach chi'n gweld y geiriau yna mewn inc gwyrdd ar waelod eich traethawd ar ddyffryn yr afon Nîl, yna fe wyddech nad oedd y Pharao daearyddol yn hapus iawn. Roedd ganddo arferiad hefyd o fownshio darn o sialc oddi ar y cyhyr yn ei fraich a'i ddal yn ei law tra'n syllu reit i mewn i'ch llygaid yr un pryd. Dwi'n credu imi sefyll arholiad Daearyddiaeth Lefel O deirgwaith heb unrhyw lwyddiant.

b) Bobi Jones (Cymraeg) – 'Cósb'. Roedd yr Athro Bobi Jones yn arfer cerdded rhwng y desgiau yn y wers Gymraeg gan edrych dros eich ysgwydd ar yr hyn oedd yn ysgrifenedig ar y papur o'ch blaen. Bob tro y byddai ei lygaid barcud yn gweld gwall gramadegol neu wall sillafu, byddai'n sibrwd 'Cósb' yn fygythiol yn eich clust – hunllef i Arthur, Ian, John, Huw a phawb arall yn y dosbarth! Mae'n ddiddorol nodi nad yw'r Athro yn cyfeirio o gwbwl yn ei lyfr *Crwydro Môn* at ei gyfnod ar staff yr ysgol. Efallai na wnaeth yntau fwynhau'r profiad chwaith!

c) Gwilym Humphreys (Cemeg) – naw allan o ddeg am dynnu llun *thistle funnel*.

ch) Roberts Gym (Ymarfer Corff) – eistedd ar ein penolau yn y Gym mewn shorts du yn chwarae *Crab Football*. Llithro i lawr ar raff o'r to a llosgi'n dwylo.

d) Fisher (Mathemateg) – 'Yr Efengyl yn ôl Sant Fisher'. Dyna oedd o'n ei galw a fo oedd ei hawdur. Llyfr trwchus oren â thu mewn iddo adnodau'r efengyl honno – tudalennau o theorems cymhleth ac anniddorol yn ei lawysgrifen o'i hun. Amau bod ei

feddwl o drwy'r dydd, bob dydd, wedi'i ganolbwyn-
tio ar ddyfodol y Theatr Fach.

dd) Iris Henry (Bioleg) – rhoi gwersi dawnsio i ni
yn y Neuadd ar ôl yr ysgol ar bnawniau Mercher. Fi
oedd Victor Sylvester, yn symud yn osgeiddig i sŵn y
waltz neu'n gyflymach i'r *quickstep*:

> '*SLOW, SLOW, QUICK-QUICK SLOW and… STOP!*
> *Well done, very good. Don't forget, when the music finishes,*
> *you don't leave the poor girl in the middle of the dance floor.*
> *What do you do, Hawyl?*'
> '*Take her back to her seat and thank her, Mrs Henry.*'
> '*Yes, that's right. And what do you say to your new partner?*'
> '*Please may I have the next dance?*'
> '*Yes! Etiquette is very important, remember that. Right, the*
> *next dance is the Gay Gordons…*'

e) Dan Jones (Saesneg) – smocio. Edrych fel
Clark Gable. Smociwr trwm, ac yn gallu smocio
sigarét gyfan tra'n croesi'r iard rhwng gwersi. Athro
Saesneg gwych. Gyda llaw, roedd 'na giang ohonon
ni'n smocio rhwng gwersi hefyd tu ôl i Rŵm Geog.
Dyna lle byddai'r Woodbine yn mynd o law i law. Yr
arbenigwr ar smocio stympia oedd Vaughan Hughes.
Gallai sugno'r dropyn olaf o'r blewyn olaf o faco
drwy glymu gwelltyn yn gywrain o amgylch y stwmp
a gafael yn y gwelltyn wedyn i'w sugno. Hoffwn
hefyd fanteisio ar y cyfle yma i ddiolch i Mr Roberts,
gofalwr yr ysgol – neu Roberts Care fel oedd o i bawb
– am roi cyflenwad o Faco Shag Amlwch, Golden
Virginia neu Old Holborn mewn aml i bapur Rizla
pan fyddai'r pecyn Woodbines yn wag.

f) Dewi Maelor Lloyd (Cymraeg) – 'Barddoniaeth

yr Uchelwyr'. Os mai Dan Jones oedd Clark Gable, yna Dewi Lloyd oedd Gregory Peck. Gwallt wedi'i gribo'n daclus, siwt smart bob amser a llais fel medd. Mr Cŵl. Fo a Dan Jones oedd fy hoff athrawon.

Cymraeg, Saesneg ac Ysgrythur oedd fy mhynciau ar gyfer Lefel A, ac un o'r llyfrau yr oeddem yn ei astudio oedd 'Barddoniaeth yr Uchelwyr'. Fe fwynheais ei astudio gymaint dan oruchwyliaeth Dewi Lloyd fel bod dysgu talpiau hir ohono'n bleser pur. Dyma Dafydd ap Gwilym yn dechrau disgrifio'r ceiliog bronfraith:

> Y ceiliog, serchog ei sôn,
> Bronfraith dilediaith loywdon,

a Dafydd Nanmor wedyn yn torri'i galon yn y cywydd 'Marwnad Merch':

> Os marw hon yn Is Conwy,
> Ni ddylai Mai ddeilio mwy.

Yna Tudur Penllyn yn taranu ar ôl bod mewn priodas yn Y Fflint. Nid yn unig roedd Tudur wedi'i siomi oherwydd prinder y gwin, ond doedd y cabare, sef Wiliam Bibydd a'i fagbib, ddim yn ei blesio chwaith:

> Chwythu o'r cranc, chwith fu'r cri,
> Chwyddo'r god a chrechweiddi...
> Mae lleisiau yn y gau god
> Mal gwythi mil o gathod.

Edrychwn ymlaen yn eiddgar at y gwersi Cymraeg, lle caem ddarllen y cerddi ac yna'u dadansoddi gyda'n gilydd. 'Mae rhai ohonach chi'n mynd lawr i Gaffi Penlan i wrando ar y jiwc-bocs. Wel, mae Tudur Penllyn wedi disgrifio'r jiwc-bocs i'r dim bum can mlynedd yn ôl,' meddai Mr Smŵdd. 'Lleisiau yn y gau god, fel mil o gathod yn gweiddi'!

Cawsom gyfle gan Dewi Lloyd i berfformio mewn cyngherddau yn yr ysgol – fy mêt, Derek Boote ar y bas dwbwl a finnau ar y gitâr yn canu cyfieithiadau o ganeuon pop y cyfnod – ac i actio mewn sgetshys. Yna, ar Fawrth y cyntaf, byddem yn cystadlu yn Eisteddfod yr Ysgol, ac un o sêr yr Eisteddfod yn ein cyfnod ni yno oedd cyn-arweinydd Côr Treforys, y darlledwr Alwyn Humphreys.

Mae gennyf atgofion melys iawn o'r ysgol – yn rhannol, efallai, oherwydd i mi syrthio mewn cariad (ac *aros* mewn cariad hefyd am gyfnod maith) efo Rhiannon Jones. Pan âi'r gloch, chwiliwn amdani a cherdded efo hi at y bws fyddai'n ei chludo'r holl ffordd i Lanfairpwll a Nymbyr Five, Snowdon View. Byddwn yn dal y bws fy hun ar ddydd Sadwrn ac yn mynd i'w gweld. Aem am dro i lawr at lan y Fenai i Bwll Fanogl, neu ar ôl gofyn caniatâd ei rhieni ('plîs gawn ni fynd i'r parlwr?') aem i'r ystafell orau lle'r oedd soffa i ddau a llonyddwch. Yng ngeiriau un arall a fagwyd yn Llanfairpwll, John Morris-Jones, roedd ganddi 'ddau lygad disglair fel dwy em'. Sgwennwn lythyrau caru ati – S.W.A.L.K., B.O.L.T.O.P, I.T.A.L.Y. – a chyfansoddi barddoniaeth a chaneuon iddi. Ro'n i wedi gwirioni'n lân – wedi fy swyno gan y wên chwareus yn ei llygaid. Gymaint oedd fy nghariad tuag ati fel y cedwais ei *pony-tail* am fisoedd mewn bocs pan dorrodd ei gwallt!

Ond fe ddaeth yn amser i mi adael a mynd i'r Coleg. Roedd raid i mi, rywsut, ddiogelu fy nghariad rhag y bleiddiaid oedd yn prowlan o gwmpas coridorau'r ysgol yn barod i'w dwyn oddi arnaf. Felly dyma ofyn ffafr i un o'm ffrindiau:

'Dafydd, 'ti'n gwbod 'mod i'n mynd i'r Coleg, dwyt?'

'Ydw, i Gaerdydd.'

''Na chdi. Gwranda rwan, 'nei di edrach ar ôl Rhiannon i mi?'

'Gna' i siŵr.'

O edrych yn ôl, roedd hi'n dasg rhy anodd. Roeddwn i'n gofyn gormod. Be oedd Dafydd i fod i'w wneud? Sicrhau ei bod hi'n byw fel lleian nes down i'n ôl o'r Coleg ar ddiwedd bob tymor a'i lluchio ar fy ngheffyl gwyn a charlamu dros y gorwel i gyfeiriad Plaza Bangor? Dwi ddim yn siŵr, ond fe gadwodd at ei air – mewn ffordd o siarad. Gofalodd amdani, do. Ond roedd pontio'r pellter rhwng Sir Fôn a Chaerdydd yn ormod o dasg i gariad ysgol. Collais 'fy ngeneth oleubleth lon'. I bwy? Dyfalwch chi. Hogia call, hogia Niwbwrch! Ond mi dorrodd fy nghalon yn ddwy – a mwy.

Flynyddoedd yn ddiweddarach, bu Dafydd yn cyfrannu i raglenni radio *Helo Bobol*, a dwi'n falch o ddeud ein bod ni'n tri yn dal yn ffrindiau ar ôl yr holl flynyddoedd. Bellach, mae Nia, eu merch, yn gyfuniad o dalentau'r ddau ac wedi dangos trwy ei brwdfrydedd heintus ar y teledu fod dysgu Cymraeg yn medru bod yn hwyl. A phan fydda innau'n ei gweld hi ar y sgrîn, fe ddaw geiriau'r glasur o gân gan Sandy Shaw i'r cof: *'Always something there to remind me...'*

I'r disgybl mwyaf poblogaidd yn yr ysgol roedd 'na Oscar, sef Gwobr Syr Thomas Jones. Y prifathro oedd yn penderfynu pwy fyddai'n cael ei enwebu, ac ar fy mlwyddyn olaf yn y chweched roedd fy enw i lawr ynghyd â nifer o enwau eraill, yn eu plith enw bachgen sydd bellach yn brifathro parchus. Penderfynodd mai'r ffordd i sicrhau mai ar ei silff-ben-tân o y byddai'r Oscar oedd drwy gynnig sigarét neu bethau da i'r rhai fyddai'n pleidleisio iddo fo, a stîd go iawn i'r rhai fyddai'n rhoi eu croes wrth enw rhywun arall. O gofio bod y bleidlais yn un gudd fe fyddai wedi bod yn anodd iddo ddarganfod pwy oedd o'i blaid a phwy yn ei erbyn. Ta waeth, bu'n llwyddiannus. Enillodd y bleidlais a'r wobr.

Ond chafodd o mo'i gosod hi ar ei silff-ben-tân oherwydd ar ôl clywed am y sgam fe benderfynodd Boss roi'r wobr i'r un a ddaeth yn ail. A dyna pam mae gen i lyfr adref yn dwyn y teitl *An actor prepares*,' a thu mewn iddo'r geiriau, *'Presented to Hywel Evans, winner of the Sir Thomas Jones Prize. We wish him well in the College of Music and Drama.'* Roeddwn i ar fy ffordd i Gastell Caerdydd.

9

'Cwympais mewn cariad â Chaerdydd, cariad nad yw byth wedi oeri.'

Nid fy ngeiriau i ond maen nhw'n crisialu mewn brawddeg gryno fy nheimladau innau tuag at y brifddinas.

R. T. Jenkins piau'r geiriau. Fe ddaeth o yma ym 1917 a byw yn 24 Lôn-y-Dail – y drws nesaf i W. J. Gruffydd – a chofnodi'r hanes yn ei hunangofiant *Edrych yn Ôl*. Dwad yma wnaeth o ar waethaf rhybudd O. M. Edwards: 'Peidiwch â mynd yno ar unrhyw gyfrif – ma' nhw'n ymladd fel cŵn yno.' Efallai wir eu bod nhw pan mae cefnogwyr y Blues a Millwall yn cyfarfod, ond yn bersonol fe fyddwn i'n teimlo'n fwy diogel yn cerdded strydoedd Caerdydd ganol nos na strydoedd Y Rhyl ganol dydd – a dwi'n siarad o brofiad fel un a dreuliodd saith mlynedd yn y gaethglud ym Mhrestatyn.

Mae Colbio Caerdydd yn gêm sy'n cael ei chwarae yn amal gan unigolion a mudiadau yn y Wasg Gymreig. Syniad y gêm ydi'ch bod chi'n beio Caerdydd am bopeth – er enghraifft, beio'r brifddinas am ddenu pobol ifanc o ardaloedd gwledig Cymru i fyw a gweithio yma, neu feio'r brifddinas oherwydd bod cymaint o sefydliadau cenedlaethol wedi'u hadleoli yma. Yn wir, mewn cyfweliad a wnethum ar y stryd ym Mangor ryw bedair blynedd yn ôl, fe ymosodwyd arnaf yn eiriol gan wr gwyllt yr olwg oedd yn methu deall pam bod rhaid i Stadiwm y Mileniwm fod yng Nghaerdydd. 'Lle basach chi'n awgrymu'i chael hi, felly,' medda fi, â nhafod yn sownd yn fy moch – 'Bangor neu Borthmadog?' *'Don't be daft'* oedd ei ymateb. *'What's wrong with Holyhead?'*

Cyn belled ag y mae Caerdydd yn y cwestiwn, dwi mor ddall i unrhyw ffaeleddau sydd ganddi ag ydi cefnogwyr tîm rygbi Llanelli i ragoriaethau unrhyw dîm arall yn y byd ond eu tîm nhw. Ar wahân i'r cyfnod o saith mlynedd yn y Gogledd yng nghanol y nawdegau, treuliais un mlynedd ar bymtheg ar hugain o flynyddoedd hapus iawn yma. Ganwyd fy mhlant yma, saith ohonyn nhw. Yma y ces i fy swydd gynta gyda'r BBC. Yma y dysgais i fy nghrefft. Rydw i'n teimlo 'mod i a'r ddinas wedi newid ac aeddfedu law yn llaw.

Mae 'na baned o de cryf o 'mlaen i'r funud 'ma ar fwrdd sigledig caffi awyr agored yr Hayes Island Snack Bar, lle dwi'n sgwennu'r geiriau yma. Yma y byddwn i'n dwad o'r llyfrgell ddinesig amser maith yn ôl pan oeddwn i'n fyfyriwr drama, i gael paned a darn o dost oedd yn dewach na stepan drws a'r menyn yn llifo i lawr fy mysedd. 'Lle gwych,' meddai darlithwyr y Coleg Cerdd a Drama, 'i wylio cymeriadau'r ddinas yn mynd a dod. Astudiwch eu cerddediad a'u hymarweddiad, ac yna defnyddiwch yr hyn yr ydych wedi'i ddysgu amdanynt wrth berfformio.' Dwn i ddim i ba raddau yr oedd y cyngor hwnnw'n un doeth gan fod rhai o'r cymeriadau'n edrych yn amheus iawn, yn enwedig y rhai oedd yn mynd a dwad o'r *Gents* tanddaearol gerllaw.

Wrth fy ymyl rwan mae gŵr o Jamaica, efo beret enfawr gwyrdd a melyn ar ei ben, yn tynnu'n galed ar ei sigarét ac yn symud yn rhythmig i fiwsig nad oes neb ond y fo yn ei glywed. Mae ei ben yn llawn o reggae, a rwan ac yn y man mae o'n oedi hanner ffordd drwy symudiad, ac 'uwchlaw ei untroed oediog' a'i sigarét fain, mae 'dwy sefydlog fflam ei lygaid' yn edrych o gwmpas yn bryderus fel petai o'n disgwyl ymosodiad gan ryw elyn anweledig. Yna mae'n ailgychwyn ar ei ddawns bersonol, gan anwybyddu pawb a phopeth. Ydi, mae Caerdydd gosmopolitan yn llawn o gymeriadau lliwgar.

Dwi newydd fod yn crwydro'r ddinas er mwyn cael dos go iawn o nostalgia i'm paratoi ar gyfer taith yn ôl i orffennol dinas Caerdydd fel dwi'n ei chofio hi yn y chwedegau a'r saithdegau.

Mae Clwb y Barbarellas lle dechreuodd Huw Ceredig a finnau ddisgo Cymraeg yn y saithdegau wedi hen ddiflannu, ac mae Caroline Street, lle'r arferem fynd am gyw iâr a saws cyrri a tships am ddau o'r gloch y bore, wedi ymbarchuso'n ddiweddar. Mae'r Burough Arms yn Heol y Santes Fair yn edrych yn wahanol iawn i'r dafarn yr es i i mewn iddi ym 1964 i chwilio am waith dros dro. Lle bu Mario yn coginio risotto a stecen yn y Bamboo Room ar waelod Newport Road, mae rhyw adeilad digymeriad wedi'i hen sefydlu'i hun. Yn sinema'r Capitol, sydd bellach yn ganolfan siopau, y gwelais i Gregory Peck yn ceisio tawelu'r *Guns of Navarone*, a rownd y gornel yn Churchill Way – lle mae Virgin Records erbyn hyn – yr arferem gyfarfod merched gwyryfol Capel Ebenezer ar nos Sul i gael paned ddiniwed o goffi yn y Mayfair Café, ar ôl clywed pregeth danbaid arall o bwlpud Emlyn Jenkins. Gyda llaw, roedd 'na *ddynion* gwyryfol yn eu plith nhw hefyd, ar waetha'r siarad heriol – a finnau'n un ohonyn nhw. Nid o ddewis, dwi'n prysuro i ddweud, ond oherwydd bod rhybudd olaf 'Nhad cyn i mi adael cartref a mynd i'r Coleg yn faen tramgwydd na ellid ei symud pan fyddai'r foment dyngedfennol gerllaw a Phalas Rhywioldeb yn agor ei ddrysau. 'Cofia, fe fyddi di eisiau priodi *virgin* – gwna'n siŵr dy fod ti'n rhoi'r un cyfle i fechgyn eraill.' Dyna ichi gyngor o'r Hen Destament os buodd 'na un erioed! Nid o Ganiad Solomon, yn anffodus.

Yn y cyfnod hwnnw doedd Aneurin Bevan ddim i'w weld yng Nghaerdydd, ond erbyn heddiw mae cofgolofn i dad y Gwasanaeth Iechyd ar bendraw Stryd y Frenhines.Yno mae o yn ei siwt, yn sefyll ar osgo, fel petai gynno fo boen yn ei goes chwith ac angen clun newydd. Rownd y gornel mae'r siop sy'n gwerthu crysau rygbi i gefnogwyr amyneddgar ein tîm Cenedlaethol, ar safle tŷ bwyta'r Rice Bowl lle gallai myfyriwr ar ei gythlwng yn y chwedegau lenwi'i fol drwy gladdu cawl Wun Tun, cyrri cyw iâr a phwdin (sef blocyn o rwbath tua'r un maint â Brillo Pad efo cwstard llachar-felyn ar ei ben o.) Hanner coron am hynna i gyd, Mr Chan? Diolch yn fawr.

Gallwn dreulio penodau yn rhannu'r atgofion sydd gennyf am y ddinas lle cefais fy meithrin. Mi wn i nad ydw i fel Frank Hennessy yn 'Kerdiff born', ond yn sicir rydw i'n 'Kerdiff bred'.

Ac yn *city slicker* hefyd, yn ôl fy nghyfaill Meic Povey. Cofiaf flynyddoedd yn ôl i ni'n dau gael trafodaeth ddifrifol ynglŷn â mynd yn ôl i'r Gogledd. Doedd Meic ar y pryd ddim yn gweld Caerdydd fel dinas barhaus iddo fo, tra 'mod i ar y llaw arall yn ei chanmol i'r cymylau. 'Wel, dyna fo,' meddai Meic, gan boeri i'm cyfeiriad linell fyddai wedi derbyn cymeradwyaeth fyddarol ar ddiwedd ail act un o'i ddramâu, '*city slicker* o Langefni wyt ti. Faswn i ddim yn disgwl gwell.' Digon yw dweud fod Meic fel finnau yn dal i fyw yn y ddinas, y ddau ohonom erbyn hyn yn *city slickers* ac yn mwynhau amal i gyrri hefo'n gilydd.

Nid felly pob Cymro a ddaeth yma. Cyrraedd ac yna ffarwelio â'r ddinas fu hanes y darlledwr a'r cynhyrchydd Vaughan Hughes, er enghraifft, a dwi'n sicir bod yr hyn fynegodd o mewn cerdd a sgwennwyd ganddo 'nôl yn y saithdegau yn rhan o brofiad nifer o Gymry ddaeth yma i'r ddinas ar eu tro:

> Yn fy nhŷ ugain mil
> mae'r muriau'n wanwyn o gloriau llachar
> llyfrau Cymraeg.
> Swatiaf rhwng spicars y stereo
> a siglo i seiniau
> Endaf Emlyn, Edward H., Ac Eraill.
> Ar sgrîn fy set deledu mewn lliw
> cefnogaf o'm cadair freichiau
> ymgyrchoedd Cymdeithas yr Iaith.
> Anfantais fawr i chwyldroadwr yw stumog lawn.
> Angerdd yr angen
> yw calon pob creu.
>
> Ond...
> Mae'r plant yn mynd i'r Ysgol Gymraeg.
> Yn Gymraeg y bydda i'n llenwi fy sieciau
> bob amser.

Dwi'n dal i brynu'r *Faner*
A'r Blaid sy biau 'mhleidlais.

Beunydd
yn daerach daw'r alwad
i gilio i'r Gorllewin...
Ond yma yr arhosaf i.

Canys yma
Mewn tŷ
Mewn dinas
creais Gymru uniaith Gymraeg.

Bron i ddeng mlynedd ar hugain ar ôl i Vaughan sgwennu'r geiriau uchod, a dianc yn y pendraw o'i garchar dinesig a mynd yn ôl i Fôn i fyw, daeth newidiadau mawr i'r brifddinas. Mae'r tŷ 'ugain mil' yn werth mwy na deng waith hynny, ac fe fu 'na gynnydd sylweddol yn nifer y Cymry sy'n siarad Cymraeg yn y ddinas ac yn nifer yr ysgolion Cymraeg eu cyfrwng. Bellach, mi glywch chi fwy o Gymraeg yng nghaffi Brava, Pontcanna nag a glywch chi yng nghaffi Penguin ym Mangor. Mae'r Gymraeg yn ennill tir yn Nghaerdydd ond mae'n beth trist os yw hynny'n digwydd ar draul cefn gwlad.

Lle bynnag rydan ni'n byw yn y Gymru sydd ohoni, mae 'na ddyletswydd arnom fel unigolion i geisio sicrhau dyfodol i'r iaith, yn enwedig y rhai hynny ohonom sy'n ddigon ffodus i ennill ein bara menyn trwy wneud dim byd amgenach na'i siarad hi'n ddyddiol. 'Holed dyn ef ei hun' meddai'r hen air. Be ydw *i* wedi'i wneud dros yr iaith? 'Dim digon' ydi'r ateb sy'n canu yn 'y mhen i.

Fe ges i syniad gwych y diwrnod o'r blaen. Nid yn unig trwy gynnal dosbarthiadau Wlpan a dosbarthiadau nos ar gyfer dysgwyr y mae cynyddu niferoedd y rhai sy'n siarad ein hiaith ni. Petai pob un ohonom sy'n siarad Cymraeg yn mabwysiadu un enaid di-Gymraeg ac yn mynd ati i ddysgu Cymraeg i'r person hwnnw, gallem ddyblu nifer y siaradwyr Cymraeg i filiwn dros nos – yn enwedig petai Nia *Welsh-in-a-Week* Parry â'i gwên ddireidus yn arwain yr ymgyrch! Wedi'r cyfan, mae egwyddorion mudiad Cymuned yr un mor berthnasol i gymuned Gymraeg y brifddinas (ac mae 'na 39,365 ohonom erbyn hyn – mwy na dwbwl y siaradwyr ym 1991) ag ydyn nhw i'r Gymru wledig lle mae'r iaith yn boddi dan donnau'r mewnlifiad parhaus.

Mae'r baned ar y bwrdd wedi hen oeri, a'r bysgar tu allan i'r siop lyfrau wedi blino chwarae 'Somewhere over the rainbow', 'Feeling groovy' a 'Hen wlad fy nhadau' ar ei gitâr Sbaenaidd am y degfed tro. Doedd hi ddim yn bnawn da i werthu nionod, ac mae beic y Sioni Winwns yn dal i wegian dan bwysau'r rhaffau sy'n crogi o'r ffrâm fel mae o'n cerdded yn araf i gyfeiriad yr hen farchnad dan do. Mae'n hen bryd i minnau ddeffro o'r perlesmair sydd bob amser yn fy amgylchynu pan fydda i'n eistedd yn fama yn breuddwydio. Felly, ymlaen â'r stori a 'nôl â ni i 1961, y flwyddyn y deuthum i Gaerdydd am y tro cyntaf yn fachgen pedair ar bymtheg oed, yn gymysgedd o hyder a diniweidrwydd.

10

'Dyw hi ddim yn rhy hwyr. Fe allen ni gael lle i chi yn Aberystwyth i wneud gradd yn y Gymraeg.' Geiriau'r prifathro ar ôl i mi synnu pawb – gan fy nghynnwys i fy hun – drwy lwyddo i gael tair gradd 'B' yn yr arholiadau Lefel A, a hynny heb ymyrraeth gan fy nhad.

Ar ôl ffiasgo'r arholiadau Lefel O, cawsom ddadl hyd at daro yn y gegin. Fe'm cyhuddwyd ganddo o beidio â pharatoi'n ddigonol. Paratoi?! A fynta wedi fy nghar-charu yn y tŷ bob nos am flwyddyn cyn yr arholiadau, gan wylio pob symudiad o'm heiddo. Byddai'n mynd i'r cyfarfod gweddi ar nos Fawrth, ac ar ôl dychwelyd yn rhoi ei law tu ôl i'r set deledu i weld a oedd y set yn gynnes – prawf fy mod wedi bod yn gwylio yn lle'n astudio. Hynny i gyd a'r llythyr hwnnw anfonodd o at y BBC yn dweud nad oeddwn i ar gael i gymryd rhan mewn unrhyw ddrama radio.

Collais fy limpin, gan ddweud yn ddi-flewyn-ar-dafod y byddwn yn gadael yr ysgol yn hytrach na mynd i'r chweched dosbarth oni bai fy mod yn cael llonydd i fethu neu lwyddo ar fy nhelerau fy hun – ac felly y bu pethau dros y ddwy flynedd yn y chweched. A dyna pam yr oeddwn yn sefyll yn ystafell y prifathro a fynta'n dweud bod lle i mi yn y Brifysgol.

Ond roedd hi'n rhy hwyr. Gwneuthum fy newis, a doedd dim newid i fod. Roeddwn am fynd i Gaerdydd i wneud cwrs oedd yn cynnig rhyddid o hualau academ-aidd, gan fod y pwyslais yn y Coleg Cerdd a Drama ar waith ymarferol creadigol – gwaith byrfyfyr, coluro, dawnsio, gwisgoedd, goleuo, ymladd â chleddyfau, cyfarwyddo ac actio mewn dramâu ar ddiwedd y tymor.

Wrth gwrs, roedd 'na reswm arall dros fy mhender-fyniad i fynd i Gaerdydd yn hytrach nag i Aberystwyth. Roedd Caerdydd, yn syml iawn, yn bellach i ffwrdd ac erbyn hyn roedd yr ysfa i ddianc a bod yn rhydd o afael caethiwed y cartref yn gryf iawn.

Felly, ym mis Hydref 1961, fe gerddais ar draws y bont a thrwy'r dorau enfawr gyda'r tyrau tal ar bob tu, ac i mewn i Gastell Caerdydd i gychwyn cwrs fyddai'n arwain at gymhwyster i fod yn athro Drama rywle ym Mhrydain. Byddai'n ofynnol i mi wneud dwy flynedd yn y Castell a blwyddyn o gwrs ymarfer dysgu yng Ngholeg Cyncoed. Doeddwn i ddim wedi ystyried gyrfa fel actor na darlledwr. Sicrwydd a phensiwn oedd yn bwysig. 'Cael rwbath tu ôl i chdi, i syrthio'n ôl arno fo.'

Aeth dau ohonom i mewn i'r Coleg y bore hwnnw. Cefais gwmni fy ffrind ysgol, Derek Boote. Hogyn o'r Star ger Y Gaerwen oedd Derek, ac yn dipyn o seren hefyd yn y byd cerddorol: cerddor hyd at flaenau'i fysedd, canwr da ac offerynnwr medrus. Roedd o'n chwarae'r gitâr, y piano a'r bas dwbwl. Buom yn rhannu 'digs' drwy gydol ein cyfnod yn y coleg – yn Colum Road i ddechrau, ac wedyn gyda Mrs Davies yn 31, Stryd Pontcanna.

Bob wythnos tra buom ni'n byw yn Colum Road, byddem ein dau yn derbyn clamp o barsel mawr trwy'r post, wedi'i lapio mewn papur brown a'i glymu â llinyn ac yn stampia drosto – y dillad glân wythnosol. Yn amal, byddai'r parseli'n cyrraedd gyda rhwyg yn y papur a llawes crys neu gornel trôns wedi gwthio'u ffordd allan.

Ar ôl symud at Mrs Davies, cawsom ein trin fel 'tasan ni'n feibion iddi. Hi oedd yn golchi'n dillad ac yn ein bwydo â chlamp o frecwast mawr bob bore, cinio nos a chinio dydd Sul. Cyn mynd allan ar nos Sadwrn, byddai'n rhaid i ni'n dau baredio o'i blaen er mwyn iddi hi gael gweld ein bod wedi 'molchi ac wedi gwisgo crys glân. Roeddem yn derbyn y gwasanaeth pum seren yma am dair punt a deg swllt yr wythnos.

Aethom ein dau i weithio i'r BBC tua'r un pryd. Cyn cychwyn ar y gwaith go iawn, bu'r ymddangosiad hwnnw hefo'n gilydd ar *Hob y Deri Dando* – Gwynfryn ar y gitâr, Boote ar y bas. Ei fas o sydd i'w glywed ar y rhan fwyaf o recordiau pop cynnar y chwedegau – Y Triban, Iris Williams, yr Hennessys, Aled a Reg, yn ogystal â phob un grŵp oedd yn ymddangos ar raglenni *Hob y Deri Dando*, ac yn ddiweddarach, *Disc a Dawn*.

Roedd Derek yn berffeithydd, ac yn casau clywed llais neu offeryn allan o diwn. (Pam felly ei fod o'n fodlon canu efo fi, dwn i ddim!) Byddai'n sleifio i mewn i stiwdio *Hob y Deri Dando* yn ystod yr awr ginio ac yn aildiwnio pob offeryn oedd angen y driniaeth honno. Yn ddiweddarach, bu Derek yn cyflwyno rhaglenni plant ac yn actio gyda Ryan a Ronnie yn y sgetsh *Teulu Ni*, fel Nigel Wyn. Ydach chi'n cofio Ronnie yn gweiddi arno fo bob wythnos, 'Paid â galw Wil ar dy Dad'?

'Chydig a feddyliais i'r bore hwnnw a ninnau'n dau yn cychwyn ar ein gyrfa golegol, y byddai Derek wedi marw ymhen deng mlynedd yn dilyn damwain erchyll yn y stiwdio. Cofiaf y mis a'r flwyddyn yn iawn – Hydref 1974. Roeddwn yn ffilmio yn Fiji pan ddaeth y newydd am y ddamwain. Tra oedd o'n actio ar un o'r rhaglenni plant roedd hi'n ofynnol iddo wisgo siwt flewog. Roedd y siwt wedi cael ei thrin gyda deunydd i wrthsefyll tân, ond fe'i rhybuddiwyd rhag smocio tra'n gwisgo'r siwt. Yn anffodus, tra yn ei ystafell newid, fe gafodd un sigarét. Un sigarét yn ormod. Aeth y siwt ar dân. Aed ag ef i Uned Losgiadau Ysbyty Casgwent lle brwydrodd yn ddewr a di-gŵyn. Ond colli'r frwydyr wnaeth o. Colled anferthol i'w ffrindiau a'i deulu, yn arbennig Liz ei wraig a arhosodd wrth ei wely heb adael yr ysbyty o gwbwl am fisoedd gan ofalu'n dyner amdano.

Oherwydd fy mod yn unig blentyn, roeddwn wedi mabwysiadu Derek (fel Arthur Furlong o'i flaen) fel brawd – brawd mawr, gan ei fod yr un taldra â fi ond yn fwy o gorffolaeth. Yn wir, perthynas debyg oedd gennyf gyda myfyriwr arall hefyd, sef Geraint Morris. Dafydd a Jonathan o berthynas. Aeth Geraint i Lundain yn syth o'r coleg fwy neu lai, gan ddatblygu'n un o'r cynhyrchwyr teledu gorau a welodd y proffesiwn. Fo oedd yn gyfrifol am ddod ag *Onedin Line* i'r sgrîn, a *Juliet Bravo* a *Casualty*. Yn ddiweddarach, cynhyrchodd gyfresi poblogaidd eraill fel *Poldark* a *Wycliffe*, ac yn y pendraw dychwelodd i Gymru fel Pennaeth Drama HTV. Tri pheth oedd yn bwysig, medda fo, i sicrhau llwyddiant cyfres deledu: y sgript, y sgript a'r sgript. Mae'n addas iawn fod ysgoloriaeth wedi'i sefydlu er cof amdano sy'n ceisio hybu gwaith ysgrifenwyr ar gyfer y sgrîn.

Fwy nag unwaith yn ystod y blynyddoedd ar ôl dyddiau'r Coleg, fe fyddai Geraint yn f'atgoffa am un digwyddiad ar ein bore cyntaf yn y Coleg. Roeddem wedi'n corlannu fel defaid colledig yn un o'r ystafelloedd ymarfer yn y Coleg ac yn aros am ddyfodiad Clifford Williams, un o'r darlithwyr. I mewn â fo yn ei *polo-neck* wen ac eistedd o'n blaenau gan edrych arnom heb ddweud gair o'i ben. Yna'n sydyn, cododd ar ei draed. *'Right,'* meddai, *'you're all drama students. I want you to prove to me that you can act.'* Wrth lwc, nid y fi oedd y cyntaf i godi. Cefais gyfle i feddwl, a phan ddaeth fy nhro roeddwn yn barod. *'It's your turn Hâl.'* (Mae 'na fwy nag un ffordd o ynganu f'enw i – Hwal os dwi 'nôl yn y Gogledd, Hiwel yn y Gorllewin, a thros glawdd Offa yn y parthau lle mae'r acen yn *far back,* Hâl. A chan mai coleg Seisnig ei awyrgylch oedd Coleg y Castell – er bod Raymond Edwards, y prifathro, yn hogyn o'r Rhos – roeddwn yn clywed Hâl yn amlach na Hwal.)

'So, Hâl, off you go. Prove to me that you're an actor.'

'Sgwn i a ddyliwn i fod wedi troi ato a deud: *'No. You prove to me that you can teach me to be an actor. That's why you're here, to teach. I'm here to learn.'* Efallai bod y cudd feddyliau yna wedi gwibio ar draws fy meddwl, ond am unwaith yn hytrach nag agor fy ngheg fe'i cedwais hi ar gau, ac ufuddheais i'r gorchymyn a mynd allan o'r ystafell.

O fewn deng eiliad fe ddychwelais wedi fy nhrawsnewid yn llwyr. Fi oedd un o'r Maffia yn Efrog Newydd, yn dianc rhag yr FBI. Rhedais i ganol yr ystafell, yna oedi gan edrych yn bryderus o'm cwmpas. Doedd dim dianc – roedd y rhwyd yn cau amdanaf. Yn araf, cerddais wysg fy nghefn tuag at un o'r ffenestri uchel ar un ochor i'r stiwdio, a chyda'r geiriau *'You'll never take me alive'*, dringais i fyny ar silff y ffenest a'i hagor, ac ar ôl tanio bwled o'r gwn deufys yn fy llaw neidiais drwy'r ffenest heb edrych i'w chyfeiriad i sŵn cymeradwyaeth fyddarol fy nghyd-fyfyrwyr. Yna, o'r glaswellt tu allan i'r ffenest, clywyd gwaedd rhywun mewn poen. Rhuthrodd pawb i'r ffenest, a dyna lle'r oedd Sir Laurence Gwynfryn yn griddfan. Doeddwn i ddim wedi sylweddoli bod y ffenestri mor uchel, a fanno roeddwn i, wedi troi fy nhroed ar ôl glanio. O leia, mi dderbyniais *'Well done, Hâl'* gan Clifford Williams. Ond wnaeth o ddim ffonio i gynnig rhan i mi pan adawodd o'r coleg dri mis yn ddiweddarach i fynd i Stratford!

Petai o wedi fy ngweld i mewn pâr o deits, efallai y byddwn wedi cael cyfle ganddo i chwarae rhan Romeo a dangos fy nhalentau. Yn wir, bron nad oeddach chi'n medru gweld y talentau drwy'r teits, ond roedd hi'n ofynnol i'w gwisgo nhw ar gyfer dosbarthiadau ymladd â chleddyf.

Tydio'n rhyfedd beth sydd wedi'i ffeilio ar feddalwedd cudd y cof, ac mor amal yr ydan ni'n cofio'r manion dibwys ac yn anghofio'r pethau pwysig. Dwi'n cofio fel 'tasa hi'n ddoe mynd draw i'r Tŵr Du yn y Castell am wers gleddyfaeth, ac wedi imi fynd i ysbryd y darn (yn ormodol, efallai), chwifio'r cleddyf yn ddramatig fygythiol a chlywed sŵn defnydd yn rhwygo. Oedd, roedd un rhan o'r teits wedi rhwygo mewn man pur anffodus, a dwi'n cofio'r hyfforddwr, Mr Reynolds yn edrych ar y rhwyg ac yn dweud efo gwên fach chwareus ar ei wyneb: *'I think you should stop flashing your foil, Hâl, and go and change.'*

Yn ystod fy nwy flynedd yn y Castell bûm ar wahanol

adegau yn ŵy wedi'i ffrio, yn goeden yn tyfu, yn flodyn wedi gwywo, a hyd yn oed yn falwen yn yr ardd. Byddai'r darlithydd yn gorchymyn i ni orwedd ar lawr y stiwdio, cau ein llygaid ac ymlacio. Ar ôl munud o ddistawrwydd byddai'n dweud wrthym am ddychmygu ein bod yn wyau, neu'n goed, neu'n falwod. Yna byddai'n rhaid i ni ffrio, tyfu neu lithro'n seimllyd o araf ar draws gardd ddychmygol.

'Ond i be, Hwal?' I be, yn wir. Yn ôl yr hyn a gofiaf, pwrpas y gwersi byrfyfyr oedd ein hyfforddi i ddefnydd-io'n dychymyg ac i geisio anghofio pwy oeddem – trwy fod yn wyau a malwod. I fod yn berffaith onest, er fy mod wedi mwynhau fy hun yn ofnadwy yn ystod y ddwy flynedd y bûm yno, dwn i ddim i ba raddau yr oedd yr addysg a gefais yno yn ddefnyddiol nac yn berthnasol. Does 'na neb wedi gofyn i mi fod yn ŵy nac yn falwen ers 1962, ac fe roddais y gorau i wisgo teits bum mlynedd yn ôl – wel, teits melyn, beth bynnag. Roedd 'na hefyd dueddiad i ni fel myfyrwyr drama fod yn actio drwy'r amser. Hanner cyfle ac fe fyddem yn smalio bod yn gymeriadau o fyd y ffilmiau ac yn actio golygfeydd dychmygol ar y stryd, yn y dafarn, yn y caffi – ble bynnag y digwyddem fod ar y pryd.

Mae'n siŵr nad oedd hyn ddim gwahanol i chwarae cowbois pan oeddwn yn hogyn bach. Ac er fy mod wedi tyfu'n hogyn mawr erbyn cyrraedd y Coleg, ar adegau roeddwn yn gallu bod yn ddigon plentynnaidd, o leiaf yng ngolwg eraill. Yn hynny o beth, dwi'n dal yr un fath hyd yn oed heddiw, yn ceisio aros mor ifanc ag y galla i.

Ar ôl dwy flynedd yng Ngholeg y Castell, daeth yn amser i symud ymlaen. Ond cyn gadael, cofiaf i mi roi un perfformiad bythgofiadwy arall ar ddiwedd y tymor, perfformiad a fyddai hyd yn oed yn fwy cofiadwy na'r naid drwy'r ffenest i osgoi yr FBI ddwy flynedd ynghynt.

Y ddrama oedd *Anthony and Cleopatra* – yn Saesneg, wrth gwrs. Fi oedd neb llai nag Anthony. Roeddwn wedi ebychu fy ngeiriau olaf ac wedi marw, ac yn cael fy nghario ar elor o fath gan bedair merch. Yn anffodus, fe lithrodd un o'r merched ac fe gododd blaen yr elor – hen ddrws pîn, os cofiaf yn iawn – ac fe lithrais innau'n araf oddi ar yr elor i'r llawr. Dyna'r pryd y sylweddolais nad oedd gyrfa lewyrchus fel actor yn fy aros y tu allan i furiau'r castell. Ond ychydig a wyddwn bryd hynny na fyddwn i chwaith, er i mi ennill tystysgrif athro, byth yn sefyll o flaen dosbarth. Roedd gan ffawd gynlluniau eraill ar fy nghyfer.

11

'Splott!'

a) Sŵn slepjan yn glanio ar wyneb Syr Wynff ap Concord y Bos [SPLOTT!]? Naci!

b) Sŵn ymladd rhwng Batman a'r Joker [THWACK! UGH! SPLATT! SPLOTT!]? Naci!

c) Sŵn pen dyn / pen ddüyn / cornwyd / pimpl yn ffrwydro [SPPPLOOOTT!] Naci!

Er bod sŵn y gair yn ddoniol (gweler hefyd Plwmp a Tymbl, a – sori, John Ogwen – Sling) mae mwy i'r gair na sŵn. Ia – *lle* ydi o!

Mewn fflat yn ardal Sblot yng Nghaerdydd yr oeddwn i'n byw ym 1963. Fe fyddai galw'r fflat hwnnw'n slym yn annheg â slymiau. Doedd o ddim mor neis â hynny. Roedd o'n hofal. Diolch i'r drefn, mae'r manylion am y lle wedi'u dileu o'r sgrîn atgofion ond un peth ydw i *yn* ei gofio ydi bod 'na bedwar ohonon ni ond dim ond tri gwely – neu dri ohonon ni a dim ond dau wely. Ta waeth – roedd 'na brinder gwlâu! Ac o ganlyniad, roedd pawb yn cymryd eu tro i rannu'r unig wely dwbwl. Flynyddoedd yn ddiweddarach, mi fu gen i *stand-up* mewn Nosweithiau Llawen wedi'i seilio ar y fflat yn Sblot:

Roeddan ni'n newid y dillad gwlâu yn rheolaidd – gwely un yn newid efo gwely dau a gwely dau efo gwely tri. Pan gyrhaeddon ni, mi ofynnodd y perchennog i ni os oeddan ni'n hapus i neud

ein gwlâu ein hunain. 'Iawn,' meddan ni. 'Reit,' medda hi,
'dyma chi'r coed a'r hoelion a'r sgrwis; wela i chi fory.' Roedd
o'n fflat mor fach fel na toedd na'm lle ichi newid eich meddwl
heb sôn am eich dillad. Os oeddach chi isio troi drosodd yn y
gwely roedd raid i chi fynd allan i'r ardd, ac mi oedd y walia
mor damp nes bod samons yn neidio allan ohonyn nhw. Ond
chwara teg, mi oedd 'na ddŵr poeth a dŵr oer ymhob ystafell
– achos roedd y peips yn yr atig wedi bystio.

Dwi'n gwbod, maen nhw i gyd yn hen jôcs, ond *toeddan* nhw ddim ddeugain mlynedd yn ôl!

Mi wnes i gyfarfod dau hogyn o Bwllheli yn ystod y cyfnod hwnnw. David Griffiths oedd un – arlunydd portreadau sydd â'i waith i'w weld bellach yn y Llyfrgell Genedlaethol, ond a gychwynnodd ei yrfa lwyddiannus yn gwneud cartwnau fel cefndir i ganeuon pop ar y rhaglen *Disc a Dawn*. Yr hogyn arall o Bwllheli oedd yr hogyn oedd wrth f'ochor (weithiau) yn y gwely dwbwl, neb llai nag Endaf Emlyn, y ffriwr mecryll enwog.

Roedd Endaf fel finnau yng Ngholeg Cyncoed ar y pryd, ac fe fyddem yn arfer cynnal nosweithiau efo'n gilydd – Endaf yn canu'r gitâr a finnau'n darllen barddoniaeth. Dwi'n ein cofio ni'n dau hefyd yn crwydro clybiau nos Caerdydd yn chwilio am gynulleidfa ar gyfer *Disc a Dawn*, ac yn sefyll un noson tu allan i'r clwb nos 'ma yn Victoria Park. Roedd 'na fand roc a rôl yn chwarae i fyny'r grisiau, ond er mwyn mynd i mewn roedd yn rhaid gwasgu heibio i fownsar mawr du oedd yn gwneud i'r Incredible Hulk edrych fel Ifan Gruffydd. Fe esboniwyd iddo ein bod ni yno er mwyn gweld a oedd 'na unrhyw un yn awyddus i fynd ar y teledu.

Pan ofynnwyd i ni beth oedd y rhaglen, dyma esbonio

mai *Disc a Dawn* oedd hi a'i bod hi'n rhaglen Gymraeg. Y mateb y bownsar oedd: '*Discs at dawn? I'm Welsh, and I never heard of it*'. Bob tro y bydda' i'n clywed rhywun yn deud, 'Ond tydach chi ddim yn Gymro os nag ydach chi'n siarad Cymraeg', mi fydda i'n cofio bownsar tywyll ei groen a di-Gymraeg ei iaith y tu allan i glwb yn Victoria Park. Mi fasa isio dyn dewr iawn (a gwirion iawn) i ddeud wrtho *fo* nad ydi o'n Gymro heb yr iaith.

Ond cyn dyddiau *Disc a Dawn* yr oedd *Heddiw*, y rhaglen gylchgrawn ddyddiol yr oedd Owen Edwards yn ei chyflwyno. Y rhaglen y gwnes i ymuno â hi ym 1964. Ac os oes 'na gwestiwn sy'n cael ei ofyn i mi yn anad yr un arall, hwn ydi o: 'Sut cest ti'r job?' Yr ateb mewn gwirionedd ydi, trwy hap a damwain.

Ar ôl gorffen blwyddyn yng Ngholeg Cyncoed ac ennill cymhwyster i ddysgu Drama, fe gefais swydd yn Ysgol Mynyddcynffig, ar y ffordd i Ben-y-bont ar Ogwr. Yn y cyfamser, roedd gennyf ddau fis heb ddim i'w wneud yng Nghaerdydd. Yn hytrach na mynd adref, yn ôl dymuniad fy Mam, penderfynais aros a mynd i chwilio am waith. Cerddais i lawr Heol y Santes Fair a chyrraedd y Burough Arms.

'*Barman wanted – £1 a shift*' oedd y cynnig yn y ffenest, ac i mewn â fi ac at y cowntar a llefaru'r geiriau hanesyddol: '*I've come about the job*'. Dywedwyd wrthyf am aros nes byddai'r bos yn cyrraedd. Cyrhaeddodd y bos a gofyn i mi a oeddwn wedi gweithio tu ôl i far o'r blaen. Atebais fy mod, gan ddisgwyl gweld yr awyr yn duo, mellten yn fy nharo, a llais o'r uchelderau yn dweud: 'Celwydd noeth!'. Roeddwn wedi peintio ysgolion o amgylch Sir Fôn efo Arthur Furlong a'i dad yn ystod gwyliau ysgol, ac wedi gweithio yn yr iard goed yn Llangefni yn stacio *pirana pine*, a hyd yn oed wedi gweithio ar Sadyrnau yn Argraig yn glanhau cytiau ieir am bedwar swllt, ond doedd y geiriau *'experienced barman'* ddim ar y CV.

Beth bynnag am hynny, ar y bore Llun canlynol roeddwn i lawr yn seler y Burough Arms yn symud casgenni Brains ac yn cario poteli o win a gwirodydd i fyny i'r bar. Ar ôl rhyw bythefnos o weithio tu ôl i'r bar cefais swydd newydd – fi oedd y *'wine-waiter'*. Dau beth wyddwn i am win, sef bod Blue Nun, Hirondelle, Nicholas a Bull's Blood yn winoedd poblogaidd efo myfyrwyr (yn enwedig 'nôl yn y fflat ar ôl pryd o Indian), ac mai tri math o win sydd – gwin coch, gwin gwyn a gwin gwyn cynnes.

A chyda'r wybodaeth fregus yna, ond llond *chateau* o hyder, mi sefais un noson wrth ymyl bwrdd yn y Burough Arms lle'r oedd tri o bobol wedi ymgynnull. Tri o bobol fyddai'n newid cwrs fy mywyd i – Nan Davies, Geraint Stanley Jones a John Roberts Williams.

Roedd y tri yn gweithio ar y rhaglen *Heddiw* – Nan Davies, un o arloeswyr darlledu yng Nghymru, yn Olygydd; Geraint Stanley Jones, a fyddai ymhen hir a hwyr yn rhedeg S4C, yn Gyfarwyddwr; a John Roberts Williams, y newyddiadurwr craff a'r golygydd gorau gafodd *Y Cymro* erioed, yn Gynhyrchydd.

Edrychodd John arnaf dros ei sbectol a gofyn: *'Which wine do you recommend?'* – gan gymryd yn ganiataol, mae'n siŵr, mai Eidalwr main di-Gymraeg oedd yn sefyll wrth ei ochor. 'Pa win ydach chi isio – coch 'ta gwyn?'

Fedra i ddim cofio pa liw gwin oedd yn y botel pan

ddychwelais at y bwrdd bwyd, ond dwi'n cofio i Nan Davies ofyn: 'Odych chi ddim wedi actio ar y radio rywdro?' Dywedais ychydig o fy hanes wrthyn nhw, gan ychwanegu y byddwn yn dechrau yn fy swydd fel athro Drama ymhen y mis. Yn y fan a'r lle cefais wahoddiad i fynd draw i'r BBC am gyfweliad, ac ymhen tridiau roeddwn yn eistedd mewn cadair yn un o'r stiwdios ac Owen Edwards yn fy holi.

Pan gyrhaeddais Stacey Road lle'r oedd y stiwdios, roeddwn i'n dal i gredu 'mod i yno i gael fy holi am y ffaith fy mod yn mynd i ddysgu Drama a sefydlu adran newydd yn Mynyddcynffig! Doeddwn i ddim i wybod ar y pryd bod y tîm cynhyrchu'n chwilio am aelod newydd i weithio yn y stiwdio gydag Owen Edwards, ac i fynd allan o'r stiwdio i wneud adroddiadau ar ffilm.

Ar ôl cael fy holi gan Owen am bopeth ond drama, cefais gyfarwyddyd i ddychmygu bod Owen yn awdur nofel newydd a 'mod innau'n gyflwynydd rhaglen oedd yn trafod llyfrau. Yr hyn dwi'n gofio am y cyfweliad cyntaf hwnnw ydi bod Owen wedi rhoi atebion hir a chynhwysfawr i'r cwestiynau nerfus yr oeddwn i'n eu gofyn.

'Diolch yn fawr,' meddai llais anweledig y cynhyrchydd, ' a rwan wnewch chi holi Harri Gwynn ar yr un testun?' Yn naturiol, ar ôl cael ymarfer efo Owen roeddwn yn llawer mwy hyderus wrth holi Harri. Ond fe'm hyrddiwyd i uffern gan atebion Harri. Yn hytrach na rhoi atebion llawn i mi, fel ag y gwnaeth Owain, roedd ei atebion i gyd yn fyr. Yna tynnodd hances boced allan a dechrau pesychu. Gofynnais gwestiwn arall, ac fe'm cyhuddodd o ofyn cwestiwn oedd yn dangos yn glir nad oeddwn wedi darllen y nofel – a chan besychu eto i'w hances, cododd a gadael.

Wyddwn i ddim beth i'w wneud. Roedd y cyfan wedi'i drefnu ymlaen llaw, wrth gwrs, er mwyn cael gweld sut y byddwn i'n delio efo cyfweliad oedd yn mynd ar gyfeiliorn. Y diwrnod hwnnw, collais y dydd. Ond roedd mwy i ddod. 'Dwi am chi ddychmygu,' meddai'r llais, 'eich bod chi'n edrych allan trwy'r ffenest ac yn gweld gorymdaith y Maer yn teithio trwy ganol y ddinas. Chi ydi'r sylwebydd – disgrifiwch yr olygfa i'r gwylwyr.' Pe bai o wedi gofyn i mi ddychmygu 'mod i'n ŵy yn cael fy ffrio neu'n goeden yn tyfu, gallwn fod wedi gwneud hynny yn y fan a'r lle. Y broblem oedd nad oedd gennyf yr eirfa angenrheidiol, bryd hynny, i ddisgrifio golygfa o'r fath.

Baglais drwyddi rywsut a chael fy ngalw gan y duw anweledig i fynd i fyny'r grisiau. Cnociais ar y drws gwyrdd golau. 'Dewch i mewn.' Nid duw oedd yn yr ystafell yn eistedd tu ôl i'r bwrdd ac yn smocio sigarét Nelson, ond duwies – Nan Davies, Golygydd *Heddiw*. 'Wel,' meddai hi, o ganol y cwmwl o fwg oedd yn ei hamgylchynu, 'rydw i wedi hoffi yr hyn rydw i wedi'i weld. Rydyn ni'n chwilio am gyflwynydd arall ac fe hoffwn gynnig y gwaith i chi ar dri mis o gytundeb.'

Tri mis o sicrwydd ar *Heddiw*, neu oes o sicrwydd a phensiwn ym myd Addysg. Dyna oedd y dewis.

'Diolch yn fawr. Fasa' fo'n iawn i mi ffonio adra?'

'Wrth gwrs.'

Codais y ffôn.

'Dad?'

'Ia.'

106

'Dwi 'di cael cynnig gwaith efo'r BBC.'

'O.'

'Tri mis o waith. Ond ma gin i swydd am oes os a'i i ddysgu. Dwi ddim yn gwbod be i neud.'

'Be *tisio* 'neud?'

'Mynd i weithio i'r BBC, dwi'n meddwl.'

'Wel, *dos* i weithio i'r BBC, 'ta.'

'Ond...'

Ffôn i lawr.

Am unwaith yn fy mywyd, roeddwn yn falch bod 'Nhad wedi bod mor gwta. 'Sgwn i beth fyddai wedi digwydd petai o wedi dechrau trafod goblygiadau fy mhenderfyniad i ddewis gyrfa ansicir yn hytrach na sicrwydd y swydd oedd yn fy aros ym Mynyddcynffig? Pwy a ŵyr. Un peth sy'n sicir, alla i ddim meddwl y byddai unrhyw waith arall wedi rhoi'r un boddhad a phleser â'r sialens a gefais o fod yn ddarlledwr ers deugain mlynedd (hanner can mlynedd os ydach chi'n cyfri sieciau *Teulu'r Siop* yn y pumdegau!)

Ar ôl gweithio ar y rhaglen am flwyddyn a hanner, ac ymarfer a gwella fy Nghymraeg yn ddyddiol, cofiaf imi gael sgwrs efo ffrind ysgol yn Llangefni a deud wrtho: 'Dwi'n deall bod y Cyngor wedi penderfynu bod angen gwella'r cyfleusterau yn y dref a'u bod yn bwriadu adeiladu pwll nofio.' Syllodd fy ffrind yn gegrwth. 'Be sy'n matar efo dy Gymraeg di? Blydi snob! Ti 'di newid yn barod.' Ddwy flynedd ynghynt byddwn wedi dweud: 'Dwi'n dallt bod y Cownsil yn mynd i wella'r aminitis yn y dre a bildio swimming pŵl' – a chael dim ymateb o gwbwl.

Oedd, roedd pethau'n newid yn barod. Roeddwn i

wedi gadael Llangefni ac i raddau roedd Llangefni wedi fy ngadael innau hefyd. Oherwydd fy mod i'n un o'r ychydig rai yng Nghymru ar y pryd oedd yn cael ei weld ar raglen deledu, roedd 'na rai yn fwy na pharod i adael i mi wybod mai 'hogyn o Langefni wti, How Món; paid â meddwl bod chdi'n sbesial jyst am bod chdi ar telifishiyn.'

12

Broadway!

Mae 'na ramant yn y gair. Broadway! Goleuadau neon yn fflachio, sêr y theatr a'r sgrîn yn swagro i lawr y Boulevard. Broadway! Lle bydd rhai sioeau yn agor a chau yr un noson ac eraill yn cael llwyddiant ysgubol. Lle mae mwy nag un seren lachar wedi darfod 'megis seren wib' ac eraill, wedi iddynt ymddangos yn y ffurfafen theatrig am y tro cyntaf, gydag amser yn goleuo'r ffurfafen.

Ia! Dyna lle'r oeddwn innau un pnawn, ddeugain mlynedd yn ôl, yn cerdded trwy Broadway. Nid Broadway, Efrog Newydd ond Broadway, Caerdydd – ardal ar gyrion y ddinas lle'r oedd stiwdios teledu y BBC yn y chwedegau. Hwnnw oedd y pnawn Sadwrn y clywsoch amdano eisoes pan es i yno â'm gitâr yn fy llaw i gyfarfod Derek Boote, er mwyn rhoi perfformiad ar *Hob y Deri Dando* ddeuddydd cyn fy nydd Llun cyntaf ar *Heddiw*.

Yn rhyfedd iawn, ddaru ni ddim ysgwyd y byd pop yng Nghymru gyda'n dehongliad afieithus o 'Gwyra dy ben, Tom Dooley'. Dal i eistedd ar y byrnau gwair yn y stiwdio yr oedd y gynulleidfa yn ystod y gân, ond rywsut fe gafon nhw ddigon o nerth i glapio'n boleit ar ddiwedd ein perfformiad. Byddai'n rhaid inni ddisgwyl tan 1967 a dyfodiad *Disc a Dawn* a band roc trydanol cyntaf y Gymraeg, Y Blew, i weld Cymry'n dawnsio ar y sgrîn ac

ar Faes B y Steddfod. Ond fe roddodd *Hob y Deri Dando*
lwyfan i dalentau nifer o unigolion a llawer o 'Hogia', yn
eu plith Hogia Llandegai a Hogia'r Wyddfa.

Roedd hi'n amlwg fod y Doctor Iorwerth Peate yn ffan
mawr o Hogia'r Wyddfa. Meddai'r hen fwltur yn ei ddull
oeraidd arferol ar dudalennau'r *Faner*: 'Nid wyf am
wrando, er enghraifft, ar osodiadau tila o 'Tylluanod',
'Creigiau Aberdaron' a'r 'Llanc Ifanc o Lŷn', a'r rheiny
eto fyth wedi eu mwrdro gan fampio diystyr y cyfeiliant
piano. Does dim sy'n fwy arteithiol na cham-drin bardd-
oniaeth.' Doedd gan y Doctor, fe ymddengys, ddim byd
da i'w ddweud am neb na dim! Mae'r *Faner* a'r Doctor
wedi'n gadael ni, ond mae rhai o'r hogia'n dal i ganu o
bryd i'w gilydd.

Yn y stiwdios ar Broadway y cynhyrchwyd y
rhaglenni mwyaf poblogaidd i gyd, o raglenni plant fel
Telewele (ydi'r bathodyn gynnoch chi o hyd?) a
Bilidowcar i raglenni dychan *Stiwdio B*, lle cafwyd
ymddangosiad cyntaf yr athronydd mwyaf a welodd
Cymru erioed – hwnna hwnna Ifas Cariwr, Ifas y Tryc.
Ifas, Ryan a Ronnie, *Disc a Dawn*, dramâu – y stiwdios
yma oedd ffatri adloniant y chwedegau a'r saithdegau.

Ond roedd gan y BBC stiwdio arall yn Stacey Road, yn
yr un ardal ond mewn adeilad llawer llai. Hon oedd y
stiwdio Newyddion a stiwdio *Heddiw*, ac i'r stiwdio
fechan yma yr es i ym mis Hydref 1964 i gychwyn go
iawn ar fy ngyrfa fel darlledwr.

Erbyn hyn, roeddwn i'n byw yn 18 Quarry Crescent ar
y ffordd i Sain Ffagan, ac yn rhannu fflat gyda
phencampwr y naid hir, Lyn Davies. Fe gwrddais â Lyn
am y tro cyntaf yn y coleg, gan fy mod yn 'nabod ei

gariad ar y pryd – a'i wraig ers blynyddoedd bellach – Meriel Griffiths. Gyda llaw, hi oedd cynorthwy-ydd Dewi Richards pan ddaeth *Siôn a Siân* i'r sgrîn am y tro cyntaf ym 1964. Fel y cofiwch chi, fe enillodd Lyn y Fedal Aur ym Mabolgampau Olympaidd Tokyo, a dwi'n cofio gweld y fedal ar fwrdd y gegin yn y fflat, a Lyn yn mesur hyd y naid oedd yn ymestyn o wal y lolfa heibio'r stafell molchi at ochor y bwrdd brecwast yn y gegin.

Owen Edwards a John Bevan oedd prif gyflwynwyr *Heddiw* pan gyrhaeddais i. Fel y Ffŵl yn llysoedd y Canol Oesoedd, fy ngwaith i oedd gofalu bod 'na chydig o hiwmor ac ysgafnder yn llys y Brenin Owen. Roedd hi'n rhaglen fyw ac yn cael ei darlledu rhwng hanner awr wedi chwech a saith o'r gloch bob nos. Doedd ganddon ni ddim *autocue* (y sgrîn sy'n cael ei gosod dros y lens i ganiatáu i'r cyflwynydd ddarllen y cyfan, tra'n rhoi'r argraff ei fod yn siarad efo chi yn uniongyrchol), felly mi oedd raid sgwennu ac yna dysgu'r cyflwyniadau i bob eitem ar y cof.

Dwi'n dal i gofio fy nghyflwyniad cyntaf erioed i ffilm ar *Heddiw*. Eitem oedd hi am y broblem oedd wedi codi yn sgil y ffaith bod ffermwyr yn gyrru'u gwartheg ar hyd ffyrdd prysur, ac roedd gennym ddarn o ffilm i ddangos y broblem. Cododd rheolwr y llawr ei fys, yn arwydd fod y foment hanesyddol wedi cyrraedd. 'Mae cerdded gwartheg ar hyd ffyrdd prysur yn broblem gyson i'r ffarmwr, ac fel mae'r traffig yn cynyddu mae'r broblem yn gwaethygu. Dyma i chi'r math o beth a all ddigwydd.' Iawn hyd yn hyn. Pob gair yn ei le. Ar ôl gorffen y cyflwyniad, roeddwn wedi cael cyfarwyddyd i edrych draw i gyfeirad y monitor er mwyn tywys y gwyliwr i

wylio'r ffilm. Ond yn lle gweld y ffilm, be welwn i a'r
gwylwyr adref oedd fy ngwep i yn lle wynebau'r
gwartheg ar y ffordd. Roedd rhywbeth wedi mynd o'i le,
ac i gadarnhau fy ofnau dyfnaf canodd y ffôn mawr du ar
y ddesg.

Codais y ffôn a chlywed llais y cyfarwyddwr: 'Mae'r
ffilm 'di torri. 'Nei di lenwi nes byddwn ni'n barod?'
Rhois y ffôn i lawr. Er mai *gofyn* i mi lenwi wnaeth y llais,
gorchymyn oedd y geiriau mewn gwirionedd. Llenwi?
Sut? Am ba hyd? Roedd fy ngheg yn sych a'm calon yn
curo. 'Mae'n amlwg ein bod ni'n cael trafferthion
technegol.' (Ymadrodd amwys ydi 'trafferthion
technegol' – ffordd arall o fynegi be fasa Jonsi wedi'i
ddeud fel hyn: 'Foneddigion a boneddigesau, 'dan ni yn
y gacan joclet'!) Ac mi oeddwn i.

Ond roedd gwaeth i ddod. Roedd fy meddwl fel bwrdd
du glân heb sgwennu arno fo. Wyddwn i ddim beth i'w
ddweud. Yna fe gofiais! Y darn papur a'r englyn! Roedd
John Roberts Williams wedi fy nghynghori i fynd â
rhywbeth efo mi i'r stiwdio, rhywbeth y gallwn droi ato
mewn cyfyngder pe bai rhywbeth yn mynd o'i le.
Potelaid o hemlock, arsenic, stori o'r wasg neu bennill
– unrhyw beth fyddai'n llenwi'r amser. Llenwi'r amser
oedd y flaenoriaeth, a dyna'r rheswm dros yr enw
swyddogol arno, 'Y Filler'. Roeddwn wedi paratoi fy
'filler' i cyn dod i mewn i'r stiwdio trwy sgwennu englyn
ar ddarn o bapur, a chlywais fy hun yn dweud: 'Tra ma'
nhw'n datrys y broblem dechnegol, fe hoffwn i ddarllen
englyn i chi.' Englyn gan Wil Ifan oedd o – englyn addas
iawn o gofio teitl y rhaglen:

Taid a Nain Monfa.

'Nhad a Mam ar ddiwrnod eu priodas.

'Mae gen i gariad, a ti yw hwnnw.'
Efo Mam, yn dair oed.

'Nhad. 'Wyt ti wedi dysgu dy adnodau?'

Ar fy meic, yn chwech oed.

Mam yn actio ar lwyfan Theatr Fach Llangefni.

Ceri, y mab hynaf, yn nwylo diogel ei hen daid.

Beaver Patrol, *Llangefni. Ail o'r chwith.*

*Doeddwn i'n beth bach del.
Be ddigwyddodd?*

Yn Rose Queen Carnival,
Llangefni.

Ar Hob y Deri Dando, *1964. Derek Boote ar y dde a Del Shannon ar y chwith!*

Efo Harri Gwynn ac Owen Edwards – conglfeini'r rhaglen deledu Heddiw.

'Gobaith fflachiai yn ei lygaid . . . '
Dechrau'r daith efo Heddiw.

Rhaglen gomedi fyrhoedlog
Gwendid ar y Lleuad,
efo Valmai Jones.

Olwen Rees, Ryan, Ronnie (a Laurence Olivier?) mewn panto.

Y fi ydi'r un ar y chwith.

Cyflwyno cerddi un pencampwr i bencampwr arall.

Tydyn nhw'n ddigon i godi gwallt eich pen?

Marged Esli a finnau efo seren y sioe.

Cyn cael crwban y môr i ginio, rhaid ichi ei ddal o. Yn Fiji yn 1974.

A finnau'n meddwl bod gen i geg fawr.

Dyna sydd i'w gael am ddeud jôc sâl.

Yn Awstralia.

Efo Mam ar ôl cael y Wisg Werdd. Gwyn y gwêl . . .
Ac mi ges i honno hefyd!

'Wrth fynd efo Deio' i deithio.

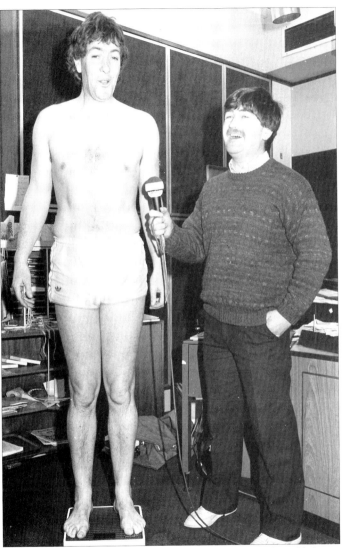

Newydd wisgo'r shorts yn ôl – ac mae Huw yn dal i chwerthin!

'Y Dyn Budur' yn mynd â'r sylw i gyd, ar Faes rhyw Steddfod neu'i gilydd.

Efo ffrind o ddyddiau ysgol, Alwyn Humphreys, eto ar Faes y Steddfod.

Y chwaer yn troi'n chwerw? Caryl a fi mewn sgetsh.

Nia wedi rhyfeddu 'mod i yma o hyd.

Anja a fi ar ddydd ein priodas. Dynas ddewr!

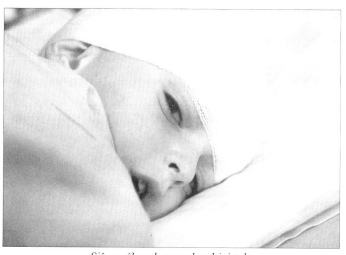

Siôn ar ôl wyth awr o lawdriniaeth.

Siôn yn iach ac yn rhydd ymhen pythefnos wedyn.

Fy hoff ffilm i ydi The Magnificent Seven – *a dyma nhw!*
O'r chwith: Owain, Anya, Huw, Branwen, Ceri, Tomos a Siôn (yn 2004).

Heddiw, yn wir, ni wyddom – y dydd
     Y daw pryder arnom;
     Ceisio, gobeithio tra bôm
     Yw hanes pawb ohonom.

Roeddwn wedi gosod y darn papur ar sedd y gadair cyn eistedd, gan wneud yn siŵr fod yr englyn yn ddigon hawdd i'w nôl 'tasa raid. Y cwbwl oedd raid i mi ei wneud oedd symud ychydig i'r chwith yn fy sedd, codi fy moch dde a thynnu'r englyn allan. A dyna wnes i ar y geiriau 'darllen englyn i chi'. Llaw o dan fy mhen ôl – dim byd! Dim byd ond trowsus. Roedd yr englyn wedi diflannu. Mwy o banig. Codais tu ôl i'r ddesg, ond doedd y gŵr camera na'r cyfarwyddwr ddim yn disgwyl i mi wneud y fath symudiad. Cyn i mi godi roedd y camera'n cymryd llun ohonof o'r corun i'r canol. Pan godais i, chododd y camera ddim!

Yr hyn oedd i'w weld yn llenwi'r sgrîn rwan oedd llun yn dangos fy nghanol, fy ngafl, a hyd at fy mhenagliniau – ac yna llaw yn ymddangos rhwng fy nghoesau o amgylch fy malog a llais o'r golwg i'w glywed yn llefaru: 'Wyddoch chi be? Mi oedd hi gin i pan ddoish i i mewn i'r stiwdio.' Fe ddigwyddodd y cyfan mewn llawer iawn llai o amser nag y mae hi wedi'i gymryd i chi ddarllen yr hanes, ond roedd o'n teimlo fel oes. Peidiwch â gofyn be ddigwyddodd wedyn; dwi ddim yn cofio. Ond cofiaf yn dda i John Roberts Williams fy ngalw i'w swyddfa:

'Wel, Hwal. Diolch yn fawr i chdi am y tri mis dwytha, ond ar ôl yr hyn wnest ti heddiw, fedrwn ni ddim adnewyddu dy gytundeb di. Gobeithio y cei di hyd i swydd dysgu yn rhywle.'

Dyna oeddwn i'n *ddisgwyl* ei glywed, ond y cyfan

ddeudodd o, efo gwên fach ddireidus ar ei wyneb, oedd: 'Diolch i'r drefn na toeddach chdi ddim yn chwilio am awdl rhwng dy goesau neu Duw a ŵyr be fasan ni wedi'i weld!'

Mae gen i gymaint o le i ddiolch i John – a Nan Davies, Geraint Stanley, Rhys Lewis a Wil Aaron, Owen Edwards a Harri Gwynn. (Gallai Harri gynnal sgwrs ar ffilm am bedwar munud union. Dim eiliad yn hwy, dim eiliad yn llai. Sut? Roedd o'n gosod *egg-timer* ar ben y camera ac ar y gair '*Action!*' roedd Alwyn Owens y tu ôl i'r camera yn troi'r *egg-timer*, a phan oedd y gronyn olaf o dywod man yn llifo o un gwydyr i'r llall roedd Harri'n cloi ei sgwrs – union ar amser.)

Ysgol brofiad fu *Heddiw* i mi. Dysgais yn gynnar iawn mai cyfrinach sgwrs dda ydi bod yr holwr yn barod i wrando a rhoi cyfle i'r person sydd yn y gadair arall i 'ddeud ei ddeud', heb ei waldio'n ddidrugaredd efo gordd eiriol a chwestiynau cymhleth sy'n filltir o hyd, ac yn amal iawn yn cynnwys yr ateb yn y cwestiwn. 'Mr Jones, fasach chi'n cytuno efo'r garfan arbennig yna o bobl – ac mae'n wir i ddweud bod y garfan honno'n cynyddu yn ddyddiol, ar waethaf y ffaith eich bod chi'n gwadu bod unrhyw beth o'i le efo'r cynllun arfaethedig fydd, mae'n bur debyg, yn dod i rym yn fuan – fasach chi'n cytuno y byddai'n well i chi ymddiswyddo'n ddiymdroi yn hytrach nag aros a thrwy hynny achosi problemau mawr i'r Cadeirydd newydd fydd, os ydw i'n deall yn iawn, yn cael ei benodi ymhen y mis?' Hynny ydi: 'Ydach chi'n bwriadu ymddiswyddo?'

Allan ar leoliad, cefais gyfle i weithio efo cyfarwydd-wyr dychmygus fel Rhys Lewis a Wil Aaron, a

Rembrandt o ddyn camera, Barri Thomas. 'Nôl wedyn i'r stafell olygu i edrych dros ysgwydd y cyfarwyddwr a gweld y darnau yn disgyn i'w lle. Ymhen hir a hwyr, fe gefais gyfle i fynd allan efo criw ffilmio i gyfarwyddo yn ogystal â chyflwyno. Dysgu fy nghrefft, ia, ond sylweddoli hefyd y buaswn yn well perfformiwr pe bawn i'n deall ac yn gwerthfawrogi cyfraniad y tîm i gyd.

Roedd John Roberts Williams yn gofalu amdanaf yn dadol, yn canmol weithiau ond yn cicio fy nhin hefyd os oedd raid. Cofiaf i mi ei ffonio unwaith o Gaernarfon, lle'r oeddwn wedi cael fy anfon efo criw ffilmio. Roedd y tywydd yn drychinebus. Glaw bob dydd, drwy'r dydd. Codais y ffôn a galw John:

'Problam, John.'

'Be 'di'r broblam, Hwal?'

'Mae hi'n treshio bwrw.'

'Wel?'

'Wel fedrwn ni ddim ffilmio be oeddan ni wedi feddwl ei ffilmio.'

'Felly g'na ffilm arall.'

'Ffilm am be, John?'

'Cnarfon yn y blydi glaw.'

Mewn geiriau eraill, 'Defnyddia dy ddychymyg, a phaid byth â deud bod unrhyw beth yn amhosib. Mae popeth yn bosib, ond mae'r amhosib yn cymryd dipyn bach mwy amser i'w gyflawni. Dyna'r unig wahaniaeth.' A dyna wers arall o'r Efengyl yn ôl Ioan Roberts Williams wedi'i dysgu.

Un arall o adnodau John oedd hon: 'Nac anghofia fod gan bawb ei enw. Cofia di'r enw hwnnw. Ysgrifenna ef ar lech dy galon a gwna'n siŵr dy fod yn ei gofio.' Wel, dwi'n cofio anghofio enw un o'n gwleidyddion enwocaf ni. Yn y stiwdio yn Llundain ar y noson arbennig yma roedd Arwel Ellis Owen yn barod i holi Gwynfor Evans, a finnau'n cyflwyno'r rhaglen o Gaerdydd. Roedd John wedi gofyn i mi gyflwyno Arwel yn syth bin ar ôl y gerddoriaeth agoriadol. Felly, cyn i'r nodyn olaf ddistewi bron, dyma ddeud: 'Noswaith dda. Fe awn ni'n syth i'n stiwdio yn Llundain, lle mae Arwel Ellis Owen yn aros i holi Mr Goronwy Evans.' Cyn i mi gael cyfle i 'nghywiro fy hun ac ymddiheuro am ailfedyddio Gwynfor yn Goronwy, ymddangosodd wyneb Arwel ar y sgrîn. 'Wrth gwrs,' meddai Arwel, 'nid Goronwy Evans sydd efo fi ond Gwynfor Roberts.' Sgrech annaearol o gyfeiriad swyddfa John, a geiriau na fyddai'n weddus imi eu hailadrodd yma.

Wnaeth colofnydd teledu *Y Cymro* ddim cyfeirio o gwbwl at yr anfadwaith, diolch i'r drefn. Yn wir, doedd 'na ddim cyfeiriad o gwbwl yn y papur at unrhyw gyfraniad o'm heiddo i i *Heddiw* tan Dachwedd y nawfed ar hugain, 1965. 'Prinder gofod o wythnos i wythnos sydd wedi fy nghadw rhag sylwi ar gyfraniadau nwyfus [wel, o leia doeddan nhw ddim yn nwydwyllt!] Hywel Gwynfryn Evans. Ond mae'n rhaid i mi ddweud nad wyf yn siŵr a ddylai ef fod wedi dryllio llyfrau Cymraeg fel y gwnaeth y noson o'r blaen.'

Cyfeirio roedd Meic yn ei golofn 'Gwylio a Gwrando' at eitem stiwdio lle'r oeddwn i'n sefyll wrth fwrdd yn orlawn o gyfrolau Cymraeg – llyfrau oedd yn hel llwch yn stordai'r cyhoeddwyr. Byrdwn fy neges, wedi'i sgwennu gan John, oedd rhywbeth tebyg i hyn: 'Gan fod 'na gannoedd o lyfrau heb eu gwerthu, ni fyddai dinistrio rhyw gyfrol neu ddwy yn gwneud llawer o wahaniaeth. *Caniadau T. Gwynn Jones* – cannoedd o gopïau ar ôl, felly waeth i hwn fynd i mewn i'r bin.' Ac i mewn â fo, ar ben y cyfrolau drylliedig oedd eisoes wedi cael eu rhwygo. I gloi'r eitem, cynheuais fatsien a rhoi cynnwys y bin ar dân. A dyna wers arall wedi'i dysgu: sut i gyflwyno eitem ar y sgrîn neu ar y radio mewn ffordd ddiddorol. Gallwn yn hawdd fod wedi cyflwyno rhesi o ffeithiau moel am sefyllfa'r farchnad lyfrau yng Nghymru a holi un o'r cyhoeddwyr ynglŷn â hi, ond roedd syniad John o gyflwyno'r sefyllfa mewn ffordd mor weladwy yn cryfhau'r eitem ac yn gwneud y pwynt mewn ffordd gofiadwy a thrawiadol.

Roedd 'na amrywiaeth o eitemau ar y rhaglen, ac mae'r *Cymro* wedi cofnodi rhai ohonyn nhw – Nansi Richards yn y stiwdio ym Manceinion yn sôn am y delyn deires; Ednyfed Hudson Davies ag adroddiad-ar-ffilm o Gernyw; John Bevan a ffynhonnau iachusol Droitwich, a gŵr 94 oed yn egluro i mi pam roedd o eisoes wedi torri'i enw ar ei garreg fedd ac wedi penderfynu cael ei gladdu mewn arch blastig. (Dwi'n cofio dim am yr eitem honno, ond os oedd y dyn hwnnw am gael ei gladdu mewn arch blastig, mae'n siŵr fod hynny wedi plesio John Roberts Williams – sydd, wrth gwrs, wedi bod yn ymgyrchu'n ddygn byth ers y chwedegau i gael Cerrig yr Orsedd wedi'u gwneud o blastig er mwyn cael eu symud o le i le i arbed costau. Wnaeth o erioed ddatgelu beth oedd ei gynlluniau ar gyfer yr Archdderwydd!)

Gallwn lenwi llyfr efo'r straeon am y blynyddoedd hapus a dreuliais gyda'r rhaglen *Heddiw*, ond o'r holl brofiadau a gefais yr un mwyaf cofiadwy oedd y ddau funud a dreuliais yng nghwmni Cassius Clay, fel ag yr oedd o ar y pryd – Muhammad Ali, wrth gwrs, erbyn hyn. Un arall o syniadau gwreiddiol John Roberts Williams oedd hwn eto, a wireddwyd gyda chymorth Mati Prichard, gweddw'r newyddiadurwr a'r llenor, Caradog Prichard. Roedd Mati'n byw yn Llundain ac yn gwybod am bawb a phopeth – 'tasa'r Frenhines yn pesychu, Mati fasa'r gynta i glywed. Hi yn ddiamau oedd *Countess* Cymry Llundain ar y pryd! Cafodd ar ddeall fod Angelo Dundee, hyfforddwr Cassius Clay, yn mynychu'r Café Royal tra oedd y bocsiwr yn paratoi'i hun ar gyfer ei ornest nesaf yn erbyn Henry Cooper. Fe ffoniodd Mati John Roberts Williams i roi'r wybodaeth iddo, a galwodd John fi i'w ystafell.

'Dwi am dy anfon di i Lundain efo ffotograffydd a dwi am i chdi gyfarfod Cassius Clay. Sut wyt ti'n mynd i neud hynny, dwn i ddim, ond yn ôl Matti mae'i hyfforddwr o'n arfar mynd i'r Café Royal. Felly dos i fanno gynta, mynna air efo fo, a tyd yn ôl i fama i ddeud yr hanas efo lluniau ohonach chdi a Cassius Clay efo'ch gilydd.'

Dyna'r sialens, ond sut oeddwn i'n mynd i sicrhau fy mod i'n cael cyfarfod y dyn mawr? Y noson honno, fe gefais syniad. Pe bai gen i rywbeth i'w gyflwyno i'r pencampwr i ddymuno'n dda iddo yn yr ornest yn erbyn Henry Cooper, yna efallai y byddai Angelo yn caniatáu i mi gael rhyw funud neu ddau yng nghwmni'r pencampwr. Gan fod Cassius yn hoff o ddyfynnu penillion a chwpledi o'i eiddo, megis:

> *I'll knock him down in one*
> *And the job will be done.*

118

If he comes back at me,
I'll knock him down in three.

And if he's still alive,
I'll get him in five...

ac yn y blaen – beth yn well na chyfrol o farddoniaeth gan bencampwr arall, Syr Thomas Parry-Williams? Felly, dyma arwyddo'r copi oedd gen i yn y tŷ a rhoi'r cyfarchiad canlynol arno: *'To wish you all the best in your fight against Henry Cooper.'* Wedi'r cwbwl, ar ôl rownd neu ddwy efo Cassius roedd hi'n eithaf tebygol y byddai Henry hefyd wedi gweiddi: 'Duw a'm gwaredo, ni allaf ddianc rhag hwn.'

Fe fyddai deugain mil o bobol yn mynd draw i faes pêl-droed Highbury i weld Cassius Clay yn dawnsio'n ysgafndroed fel pili-pala o amgylch Cooper, gan gadarnhau ei honiad amdano'i hun: *'I am the greatest!'* Perl arall ganddo oedd hon: *'It's just a job. Grass grows, birds fly, waves pound the sand – I beat people up. When you're as great as I am, it's hard to be humble'.* Oedd, roedd ganddo geg fawr ond roedd ei dalent yn fwy, a gwyddom erbyn hyn fod Muhammad Ali yn ŵr a chanddo egwyddorion dwfn iawn.

Ond i weld Cassius Clay, nid Muhammad Ali, yr es i ym mis Mai 1966. Tu allan i'r gampfa lle'r oedd o'n ymarfer, roedd 'na gannoedd wedi ymgasglu gan obeithio cael cipolwg ar y dyn 'i hun yn camu i'r sgwâr i ymarfer. I mewn â mi i chwilio am Angelo Dundee, a dod o hyd iddo yng nghanol sgrym o newyddiadurwyr oedd yn lluchio cwestiynau ato o bob cyfeiriad. Wedi'r cwbwl, roedd yntau hefyd yn dipyn o 'enw' a châi ei gydnabod fel un o'r hyfforddwyr gorau yn ei faes. Gwyddai Clay hynny'n well na neb, wrth gwrs – gwrthododd gael gwared o Dundee ar waethaf pwysau arno o gyfeiriad y Mwslemiaid radical i wneud hynny.

O'r diwedd, daeth fy nhro innau. Dangosais y llyfr bach glas o ugain o gerddi Syr Thomas iddo a gofyn a gawn i ei gyflwyno i Clay. '*Sure,*' meddai. '*You've got three minutes and you're to follow the "World of Sport".*' O'r diwedd, i mewn â ni, y dyn camera a minnau. Er bod yr ystafell yn wag roedd Clay yn ei llenwi. Eisteddai yn y gornel yn gwisgo côt wlanen wen. Eisteddais wrth ei ochr ac estyn y llyfr iddo, gan esbonio fy mod yn cynrychioli rhaglen deledu Gymraeg a bod y llyfr yn anrheg fechan i ddymuno'n dda iddo yn ei ornest yn erbyn Cooper. Gafaelodd yn y llyfr, a daliais innau fy ngafael er mwyn rhoi cyfle i'r ffotograffydd dynnu lluniau.

Wedi iddo'i dderbyn, dechreuodd fodio drwy'r tudalennau. Esboniais innau fod y cerddi i gyd yn y Gymraeg, ac meddai – heb edrych arnaf ond gyda gwên fechan ar ei wyneb – '*Don't worry, son, I'll have 'em translated.*' Yna, cyn iddo gau'r llyfr, ychwanegais fod y cerddi wedi'u hysgrifennu gan un o feirdd mwya'r iaith Gymraeg, a'i enwi: '...Syr Thomas Parry-Williams'. Ac meddai Clay: '*I know the guy*'. Teyrnged un pencampwr i bencampwr arall. Dychwelais i Gaerdydd i ddangos y lluniau ac i ddweud fy stori. 'Sgwn i beth ddigwyddodd i'r llyfr bach glas?

Oni bai 'mod i'n Gymro Cymraeg, ac oni bai na tydw i ddim eisiau cael fy nghladdu ond yn hytrach fy nghorff-losgi, fe fyddwn i'n ddigon hapus i rywun gerfio'r geiriau

yna ar fy ngharreg fedd: *Hywel Gwynfryn – I knew the guy*.
Syml.

13

Ar Hydref yr ail ar bymtheg, 1968, agorais *Y Faner* a darllen y geiriau calonogol canlynol: 'Nid wyf yn hoff iawn o raglen newydd Hywel Gwynfryn ar fore Sadwrn. Mae i'r rhaglen ei rhinwedd, sef ei bod yn gyfle prin iawn i glywed rhai o'r recordiau Cymraeg diweddaraf ar y radio. Ond rhwng y recordiau, rhaid dioddef sgyrsiau ar y ffôn rhwng Hywel Gwynfryn a'r math o wrandawyr sydd yn hoffi clywed eu lleisiau ar yr awyr – o hen ferched rhwystredig i ddynion hunanbwysig sydd yn ymhyfrydu'n gyhoeddus yn eu gorchestion gweinyddol, cymdeithasol a chrefyddol. Yr un mor ddiflas yw sylwadau rhy wirion i fod yn ddigrif Hywel Gwynfryn. Mae'r rhaglen yn enghraifft berffaith o ddynwared yr elfen salaf a geir yn rhaglenni Lloegr.' Yn ei lyfr *Be Bop a Lula'r Delyn Aur*, sy'n olrhain blynyddoedd cynnar canu poblogaidd Cymraeg, mae Hefin Wyn yn dweud bod y rhaglen yn 'wrando angenrheidiol i filoedd o ieuenctid.'

Cyfeirio mae'r ddau sylw gwrthgyferbyniol at *Helo Sut 'Dach Chi*, y rhaglen fore Sadwrn oedd yn gyfuniad o gerddoriaeth, rwdlan adeiladol a sgyrsiau. Ei chyn-hyrchydd oedd Gareth Lloyd Williams. Roeddem yn gweithio'n dda fel tîm. Gareth yn bwyllog ac ystyrlon cyn gwneud unrhyw benderfyniad, a finnau fel cobyn Cymreig heb ei ddofi, yn llawn brwdfrydedd ac egni ac yn dioddef yn amal o dros-ben-llestri-itis.

Cafodd Gareth a minnau flynyddoedd o gydweithio hapus gyda'n gilydd, ac ar ôl iddo adael y BBC am y sector annibynnol ar ddechrau'r wythdegau, fe wnaeth o a'i wraig Iona, a'u cwmni Ffilmiau Llifon, gyfraniad gwerthfawr i S4C gyda'u cynyrchiadau o ddramâu cyfnod fel *Y Wisg Sidan*, *Y Stafell Ddirgel* a *Lleifior*. Roedd o hefyd yn ffrind triw iawn, a phan chwalodd fy mhriodas gyntaf bu ef a Iona yn ddigon caredig i roi to uwch fy mhen, heb holi cwestiynau. Mae gennyf hiraeth ar ei ôl a dyled fawr i'w deulu.

Fel hyn, â'i dafod yn ei foch, y disgrifiodd Owain Williams Gymru 1968 – Cymru oedd yn newid yn gyflym iawn:

> Cymru fach i mi,
> Gwlad y dams a'r peilons,
> Mini sgyrts a neilons;
> Hawdd ei cholli hi.
>
> Cymru fach i mi,
> Gwlad I.B. a'r 'quislings',
> Copars, ia, a'r 'bumpkins';
> Hawdd ei gwerthu hi.
>
> Cymru fach i mi,
> Bro y peips a chwythwyd
> A'r hogia hy nas daliwyd;
> Hawdd ei boddi hi.

Yn y flwyddyn honno yr agorwyd Atomfa Trawsfynydd, y sefydlwyd Teledu Harlech ac yr ymunodd bachgen ifanc deunaw oed o'r enw Michael Povey fel prentis o actor gyda Chwmni Theatr Cymru.

Flynyddoedd yn ddiweddarach, dwi'n cofio Meic yn hel atgofion am y dyddiau a fu, ac yn dweud: 'Dwi'n cofio Cwmni Theatr Cymru pan oedd o'n ddim mwy na bwrdd, cadair, Wilbert a fi.' Bellach mae Cefin Roberts wrth y llyw, a'r bachgen ifanc deunaw oed yn un o'n prif ddramodwyr ni ac yn parhau ei gysylltiad â'r Theatr Genedlaethol.

Ond y digwyddiad pwysicaf un ym 1968 oedd ymddangosiad grŵp pop Y Tarddiad. O leiaf, dyna fasa aelodau'r Tarddiad wedi'i ddweud! Ac os oedd *Helo Sut 'Dach Chi* yn efelychu elfennau o raglenni Lloegr, yna roeddem mewn cwmni da gan fod Y Tarddiad, yn ôl Dafydd Mei oedd yn chwarae'r gitâr fas yn y grŵp, yn 'canu hits y dydd yn Saesneg, cyfieithiadau o rai ohonyn nhw ac ambell gân wreiddiol Gymraeg.'

Lennon oedd un o aelodau'r grŵp, a phetai ei enw cynta fo'n John, pwy a ŵyr beth fyddai wedi digwydd iddyn nhw. Ond Michael oedd hwn a fo oedd ar y drymiau. Aelodau eraill y grŵp oedd y diweddar Eurig Wyn (yn chwarae'r gitâr yn hollol ddi-Lol!); Phillip Jones; Alan Roberts, sy'n Bennaeth Adran Hanes Ysgol Eifionydd, Porthmadog erbyn hyn, a John Wyn Roberts, sydd bellach yn Brifathro ysgol gynradd ym Mae Colwyn.

Yn dilyn sefydlu rhaglenni fel *Hob y Deri Dando* a *Disc a Dawn*, a dyfodiad band Y Blew, fe ymddangosodd dwsinau o grwpiau fel Y Tarddiad dros nos. Oedd, roedd Cymru – chwedl Huw Jones – yn 'Gymru'r Canu Pop' yn '68.

Ond doedd pawb ddim yn mwynhau'r *canu* chwaith, mae'n amlwg! 'Nid yw hon,' meddai colofnydd pop *Y*

Cymro am un gân arbennig, 'yn eich taro â melyster ar y gwrandawiad cyntaf, ac y mae hynny yn ei herbyn o safbwynt gwerthiant; yn wir, argraff anffafriol a gefais i ohoni ar fy ngwrandawiad cyntaf a doedd gennyf fawr o awydd gwrando arni byth wedyn.'

Synnwn i ddim na fasa'r sylwadau uchod wedi plesio canwr y gân yn fawr. Doedd hwnnw ddim eisiau bod yn rhan o'r 'melyster' oedd yn perthyn i gymaint o'r canu pop ar y pryd. Fe dorrodd ei gwys ei hun o'r dechrau a dod yn un o'r cyfansoddwyr caneuon pop mwyaf dylanwadol yn y Gymraeg erioed. Y gân dan sylw oedd 'Yr Eryr a'r Golomen', y gân gyntaf i Meic Stevens ei recordio yn Gymraeg – ac yn 1968 y bu hynny hefyd. Yn Saesneg yr oedd Meic wedi'i hysgrifennu yn wreiddiol, dan y teitl 'The Eagle and the Dove' – cân brotest am Fietnam – ac fe aeth â hi at Ruth Price, un o gynhyrchwyr *Disc a Dawn*. Gan fod Ruth yn awyddus i gael Meic i ganu'r gân ar y rhaglen, gofynnodd i mi gyfieithu'r geiriau.

Fe sgwennais i eiriau gwreiddiol i Meic hefyd yn y dyddiau cynnar hynny, a chyd-sgwennu cân neu ddwy yn ogystal. Mae gennyf gof amdanon ni'n dau yn teithio i lawr i'r De yn gynnar un bore ar ôl bod mewn cyngerdd yn y Gogledd – yn Ninbych, dwi'n meddwl – a'r wawr yn torri uwchben Amwythig. Ninnau'n cyfansoddi cân fesul llinell wrth fynd yn y car...

''Ti'n gwbod beth hoffen i neud, Gwynfryn?'

'Beth, Meic?'

'Byw yn y wlad, byw yn y wlad.'

'Ar dy ben dy hun?'

'Nage. Gyda teulu, gyda ffrindiau – byw yn y wlad.'

'Wyt ti'n teimlo dy fod ti mewn carchar yn y ddinas?'

'Odw, ac yn y dyfodol fy unig bleser fydd cael byw, byw yn y wlad, byw yn rhydd.'

Siarad, dadlau, sgwennu, chwerthin, ac erbyn i ni gyrraedd Caerdydd roedd y geiriau wedi'u gorffen, *a* Meic wedi cyfansoddi'r alaw!

Mae gen i le i ddiolch i Ruth am roi cyfle i mi gyfieithu caneuon yn wythnosol ar gyfer *Disc a Dawn*, a thrwy hynny feithrin y grefft o drafod geiriau, ar bapur yn ogystal a thrwy'r meicroffon. Byddai'r gân oedd ar frig siartiau Lloegr ar fore Llun wedi'i chyfieithu erbyn bore Mawrth ac yn cael ei chanu yn Gymraeg ar *Disc a Dawn* y Sadwrn canlynol.

Weithiau byddai'r awen yn styfnigo a'r odlau'n cuddio, a'r cyfieithiad yn llafurus. Fe ges i broblem wrth gyfieithu geiriau 'Amazing Grace' i Iris Williams eu canu ar y rhaglen. Es i swyddfa Ruth yn gynnar ar y bore Mawrth ac esbonio'r sefyllfa iddi:

'Paid a phoeni,' meddai. 'Dwi wedi penderfynu rhoi'r job i rywun arall, ta beth.'

'O,' meddwn innau, yn teimlo'n fethiant llwyr. 'Pwy ydi o, felly?'

'Hwyrach dy fod ti wedi clywed amdano fe,' medda hi. 'William Williams, Pantycelyn.'

A dyna sut y canwyd geiriau'r Hen Bant ar dôn 'Amazing Grace' ar *Disc a Dawn*.

Mae'n ddiddorol edrych trwy dudalennau'r *Cymro* am y flwyddyn 1968, y flwyddyn yr ymddangosodd siart 'Deg Ucha'r Cymro' yn y papur hwnnw, i weld pwy oedd y grwpiau a'r unigolion mwyaf poblogaidd. Dyma'r deg, yr wythnos y cychwynnodd *Helo Sut 'Dach Chi* – Hydref y trydydd, 1968:

10. Elen – Hogia Llandegai
9. Ynys yr Hud – Y Gemau
8. Dacw'r Ardal – Dafydd Edwards
7. Mor Fawr Wyt Ti – Hogia Bryngwran
6. Cymru'r Canu Pop – Huw Jones
5. Rhywbeth Syml – Edward Morus Jones a
Mary Hopkin
4. Can y Medd – Dafydd Iwan
3. Eiliad i Wybod – Y Pelydrau
2. Mae Pob Awr – Mary Hopkin
1. Un Dau Tri – Tony ac Aloma

Mary Hopkin yn ail i Tony ac Aloma yng Nghymru, ond ar y brig yn Lloegr yn canu 'Those were the Days' ar label Apple, label newydd y Beatles:

> *Remember how we laughed away the hours*
> *And dreamt of all the great things we would do…*

O ie, heb unrhyw amheuaeth,

> *Those were the days, my friend, we thought they'd never end,*
> *We'd sing and dance for ever and a day.*

Er bod Y Blew wedi creu dipyn o stŵr ym Mhabell Lên Steddfod '67, doedd 'na fawr o'u dylanwad ar y siartiau ymhen y flwyddyn. Cerddoriaeth i wrando arno'n unig oedd cerddoriaeth bop '68. Doedd 'na ddim cerddoriaeth dawns, oni bai eich bod chi'n teimlo fel dawnsio'r *quickstep* i sŵn Hogia Bryngwran yn canu 'Mor Fawr Wyt Ti'. Ac eto, cerddoriaeth ddawns neu beidio, fe benderfynodd Ryan a Ronnie, a Lyn Jones (Golygydd Radio Cymru yn ddiweddarach, a Chadeirydd presennol

Cwmni Theatr Cymru) y byddai'n syniad cychwyn disgo teithiol Cymraeg. Dwi'n cofio treulio oriau efo Lyn Jones a Ronnie yn adeiladu bocs enfawr oedd yn edrych yn debyg i bwlpud, efo paneli arian, aur a chopr yn addurno'r tu blaen, a goleuadau llachar yn fflachio i lygaid y gynulleidfa. Oedd, roedd y gêr i gyd ganddon ni – popeth ond y recordiau, neu o leiaf recordiau y gallech chi ysgwyd eich pen a'ch pen ôl iddyn nhw. Felly, yr ateb oedd chwarae caneuon offerynnol.

Faint ohonoch chi sy'n cofio sbarclo ar lawr y ddawns i 'Diamonds' gan Tony Meehan a Jet Harris, neu weiddi 'Wipe Out' i sŵn y Surfaris? Ddaru chi ymweld â Tokyo efo'r Helmut Zacharias Orchestra, neu fuoch chi'n neidio o gwmpas efo'r Spanish Flea a Herb Alpert (arwyddgan *Helo Sut 'Dach Chi*, gyda llaw) cyn mynd am *A Walk in the Black Forest* efo Horst Jankowski yn 1965, ac wedyn sibrwd *'Je t'aime... moi non plus'* mor rhywiol â Jane Birkin a Serge Gainsbourg? Gan fod 'na fwy yn mynd i ddawnsio i sŵn y recordiau offerynnol nag i strymian Y Pelydrau (grŵp Cymraeg mwyaf poblogaidd 1968), yn naturiol roedd rhywun yn dueddol i chwarae'r rhai offerynnol yn amlach.

Dyna pam y ces i ymweliad un noson gan *heavy mob* Cymdeithas yr Iaith mewn disgo yn Aberafan. Ar ôl chwarae 'Maes B' gan Y Blew a 'Beth sy'n dod rhyngom ni' gan Y Blew nes oedd 'na fwy o dwll nag o feinyl ar y ddwy record, dyma fentro cân offerynnol. Draw â nhw.

'Be 'ti'n neud?'

'Chwara miwsig.'

'Dan ni'm isio cerddoriaeth Saesnag.'

'Nid cerddoriaeth Saesneg ydio. Cerddoriaeth offerynnol dwi'n chwara.'

'Gwranda. Os 'nei di chwara mwy o'r stwff 'na, fe fydda i'n tywallt y peint 'ma dros y decia, OK?'

'OK… Reit, pawb i ddawnsio rwan i rif dau yn y siartiau, "Ynys yr Hud" gan Y Gemau.'

Yng Nghymru 1968, y caneuon melys siwgwrllyd oedd yn apelio. Yn wir, ar wahân i'r Blew, dim ond caneuon felly oedd ar gael, a'r rhain oedd yn cael eu chwarae ar *Helo Sut 'Dach Chi* rhwng y sgyrsiau, y sgetshys a'r jôcs. Byddai'r cymeriadau Hiwbyrt o Ben Llŷn, a Sidni, *handyman* y BBC, yn siŵr o alw i mewn i greu hafoc ac i ddweud pethau dilornus a dychanol am y BBC a'r sefydliad Cymreig.

Er mwyn cyflwyno'r rhaglen mewn ieithwedd weddol fachog, aethom ati i greu ymadroddion megis 'y dyn 'i hun'; 'hysbýs'; 'bondibethma' (tydi hwnnw ddim yng Ngeiriadur Prifysgol Cymru ond mae'n bur debyg y bydd o yn yr atodiad – ei ystyr, anhygoel); 'drwy gyfrwng y cyfrwng'; 'O-ce co, dyma fo'; 'Iawn? Da iawn' a 'gwefr ar hyd y gwifrau'. Ac ar ôl unrhyw jôc? 'Maen nhw'n hen, ond – maen nhw'n hen.'

Roeddwn i hefyd yn anfon 'llond trol' o gofion at unrhyw ffarmwr, 'llond bag ysgol o swsus' i unrhyw athrawes, a 'deg galwyn o gofion' i unrhyw un oedd yn cadw garej. Drwy wneud ymchwil trwyadl, llwgrwobrwyo nifer o academyddion a thorri i mewn i'r Llyfrgell Genedlaethol, fe ddaru ni lwyddo i gael gafael ar nifer o fersiynau cynnar o gerddi poblogaidd y dydd, ac ar ôl eu darlledu bu Gwasg Dyfed yn ddigon ffôl i'w cyhoeddi nhw, ynghyd â rhai o jôcs aruchel y gyfres.

Dyma fersiwn gynta'r gerdd enwog a anfarwolwyd gan Hogia'r Wyddfa:

> Pwy ydyw dy gariad, lanc ifanc o Lŷn,
> Sy'n rhodio'r diwedydd fel hyn wrtho'i hun?
> Mecanic yw 'nghariad o ardal y Foel,
> Be gymrwch chi – petrol neu ddau beint o oel?

Fe ganodd John Morris-Jones delyneg enwog i'w riain hefo'i 'dau lygad disglair', ond yn adran llawysgrifau'r Llyfrgell, fe ddaethom ar draws fersiwn gynharach lle mae John yn enwi'i gariad:

> Tri llygad disglair fel tair gem
> Sydd i'm hanwylyd, Maude;
> Mae'n gallu gweld i lle mae'n mynd
> A lle mae'i wedi bod.

A beth am hon, gyda'i chyffyrddiad Gwyn Thomasaidd yn y gair olaf:

> Dwedwch, fawrion mor ffantastig,
> O ba beth y gwnaethpwyd lastig,
> A pha ddefnydd a roed ynddo
> Na ddarfyddai wrth ei strejio.

'Ond beth am y jôcs?' meddach chi. Faint o'r rhain ydach chi'n eu cofio, neu'n falch eich bod chi wedi'u hanghofio?

DIFFINIAD:

Arabedd – lle i gladdu Arab.

Bedouin: Fel yn y cwestiwn: 'Hei! Bedouin neud nesa?'

Adferfau: Dull o gyfrif sawl berfa sydd ganddoch chi.

Adroddwr: Rhywun sy'n methu actio.

CWESTIYNAU PWYSIG:
Ai math o gamera o Sir Feirionydd ydi Balaleika?
Ydi hi'n bosib i reithgor ddyfarnu pysgodyn yn eog?
Oedd Siôn Cent yn byw yn Surrey?
Ydio'n wir mai doctor anhapus oedd y psychaia-trist?

CHWARAEON (canlyniadau wedi dod i law):
Aberyst 8, Caerfyrdd 1.
Aber 1000, Menai Str 8.
God Save the Q 1, Hen wlad fy nha 2.

Wel, roeddan *ni*'n cael hwyl! Ac yn ôl y llythyrau, roedd 'na gynulleidfa ifanc a hŷn yn gwrando ar y rhaglen, gan ein bod ni'n cynnwys sgyrsiau yn ogystal â chwarae recordiau.

Un bore Sadwrn, roeddan ni'n trafod y testun hynod ddiddorol hwnnw – cyrsiau dawnsio gwerin! Ar y ffôn, roedd 'na arbenigwr yn barod i sgwrsio, neu i fod yn fanwl gywir, yn barod i draethu. Gofynnais gwestiwn am y cyrsiau. Fe'i hanwybyddodd, gan ddweud ei fod eisiau sôn am wreiddiau dawnsio gwerin yng Nghymru. Ar ôl tri munud – tri munud hir iawn, iawn – roedd wedi cyrraedd y bedwaredd ganrif ar bymtheg. Edrychais yn ofidus ar y criw tu ôl i'r gwydyr, gan ynganu'r gair 'Help' yn dawel. Gwasgodd Gareth y botwm a sibrwd yn gellweirus yn fy nghlust: 'Ew, dwi'n siŵr dy fod ti'n mwynhau.'

Tynnais fy 'headphones' a'u rhoi i lawr at y bwrdd o'm blaen. Codais ac es allan drwy'r drws gan ailymddangos yn yr ystafell yr ochor arall i'r gwydyr, lle'r oedd Gareth a'r criw technegol. Dechreuasom chwerthin yn afreolus gan ein bod yn dal i glywed Mr Dawnsio Gwerin yn

131

siarad trwy'r spicars. Euthum yn ôl i'r stiwdio, eistedd i lawr, codi'r 'headphones' a'i glywed yn dweud: '...ac felly *dyna* pam ydan ni'n cynnal y cyrsiau'. Diolchais yn gyflym iddo rhag ofn iddo gael ail wynt, ac ymlaen â ni i'r record nesaf.

Er i ni gael hwyl garw ar draul yr arbenigwr, roedd yr ymddygiad, heb os, yn amhroffesiynol. A deud y gwir, roedd yn enghraifft o'r ffordd roeddwn i'n dueddol o ymddwyn ar y pryd. Pedair blynedd o ddarlledu ac roeddwn i'n gwybod y cyfan. Mewn cyfnod byr iawn, deuthum yn adnabyddus ledled Cymru. Lle bynnag yr awn, yr oedd pobol yn fy 'nabod ac eisiau llun neu lofnod.

Ond dwi'n cofio i bethau fynd o chwith unwaith mewn caffi yn y Bala. Roeddwn yn eistedd wrth y drws ac wedi sylwi ar un wraig yn rhyw edrych draw ac yn gwenu'n ddel. Gwyddwn y byddai'n gofyn am lofnod, felly gwnes yn siŵr fod y beiro wrth law. Ar ei ffordd allan, stopiodd y wraig wrth y bwrdd. Syllais arni gyda gwên fach foddhaus. Syllodd hithau arnaf, ac estyn darn o bapur. Roedd y beiro'n barod. Yn sydyn, tynnodd y papur yn ôl, ac meddai, 'Mae'n ddrwg gen i. Roeddwn i'n meddwl mai Hywel Gwynfryn oeddach chi.'

Derbyniwn lythyrau yn wythnosol gan ferched ifanc oedd yn fy ngweld ar y teledu neu'n gwrando arnaf ar y radio. Ar ôl pob Noson Lawen a disgo, byddai'n amhosib gadael y neuadd yn syth heb lofnodi degau o lyfrau. Gwariwn ffortiwn ar ddillad, ceir mawr, ceir cyflym a cheir drud. Delwedd oedd popeth. Roeddwn nid yn unig yn mwynhau'r sylw ond wedi colli fy mhen yn lân. Yr oeddwn, yn iaith Sir Fôn, yn ben bach – sy'n waeth na bod yn ben mawr.

Wrth lwc, fe ddaeth gwaredigaeth o gyfeiriad annisgwyl, ac fe ddysgwyd gwers i mi nad wyf byth wedi'i hanghofio. Un diwrnod, yn yr ystafell goluro, galwodd un o'r merched colur fi o'r neilltu a rhoi chwip din go iawn i mi. Cofiaf ei henw – Mo Sproxton – a chofiaf ei geiriau. Maent wedi'u hysgythru yn annileadwy ar lech fy nghalon:

'Hywel, I want to say something to you. You've got talent. In fact, the only thing about you that's bigger than your talent is your ego. If you carry on behaving like this, they'll have to widen the studio doors to accommodate your head. Don't believe your own publicity. Grow up, and stop behaving like a self-centred little boy.'

Fe fu Mo Sproxton farw o ganser ychydig o flynydd-oedd ar ôl hynny, ond cefais y pleser o weithio gyda hi am flwyddyn neu ddwy ar ôl y sgwrs a gawsom ac fe fyddaf yn ei dyled am byth.

14

'Budur, awgrymog a di-chwaeth.' Dyna farn deg ar hugain o wylwyr o Rosllannerchrugog am y gyfres deledu *Gwendid ar y Lleuad*, a welodd olau dydd ar ddechrau '69.

Roedd cyfres *Ryan a Ronnie* wedi dod i ben, ac roedd Jac Williams, un o gynhyrchwyr rhaglenni ysgafn y BBC ar y pryd, yn awyddus i arbrofi efo math gwahanol o hiwmor. I drigolion y Rhos, roedd o'n uffern! Ac mae'n bur debyg fod gweld Derek Boote a finnau yn sefyll yn hanner noeth tu ôl i glawdd fymryn yn ddi-chwaeth. Peidiwch â gofyn pam oeddan ni'n sefyll yn hanner noeth, dwi ddim yn cofio – ond mae'n bosib bod 'na bobol yn y Rhos hyd heddiw sy'n rhuthro adra pan mae'r lleuad yn llawn ac yn diffodd eu setiau teledu rhag ofn i'r gyfres ailymddangos.

Yr hyn sy'n drist i mi yw fod llythyr deg ar hugain o bobol dduwiol, da, dilychwin eu cymeriad o'r Rhos wedi llwyddo i berswadio'r BBC i beidio â pharhau gyda'r gyfres. Cyfres o chwech oedd i fod i gael eu darlledu. Tair a ddarlledwyd. Ar y pryd, roeddem yn siomedig iawn nad oedd y Gorfforaeth wedi dangos digon o hyder i'n cefnogi, o leiaf hyd ddiwedd y gyfres. Pe bai'r penaethiaid ar y pryd wedi darllen geiriau Daniel yn *Y Faner*, efallai na fyddent wedi ymateb mor fyrbwyll a di-asgwrn-cefn:

'Yr wythnos diwethaf daeth taran o brotest o gyfeiriad deg ar hugain o bobl y Rhos, yn awgrymu bod *Gwendid ar y Lleuad* yn fudur, awgrymog a di-chwaeth. Efallai nad ydym yng Nghymru wedi arfer gyda'r math yma o adloniant, ond mae'r teip hwn o raglen yn ennill cymeradwyaeth lluoedd o'n cyfoeswyr, fel y dengys *Rowan & Martin's Laugh-In* yn America. Os oes dyfodol o gwbwl i'r iaith Gymraeg, rhaid iddi fod yn addas i'w defnyddio ymhob cylch o fywyd.'

Yn rhyfedd iawn, yn ddiweddarach yr un flwyddyn cafodd cyfres arall ei beirniadu'n hallt – cyfres oedd, fel *Gwendid ar y Lleuad*, yn llawn o gymeriadau rhyfedd, sgetshys yn gorffen yn ddirybudd, pobol noethlymun a dywediadau awgrymog. *'There was a wave of protest and controversy surrounding the material, which was often of an adult nature,'* meddai'r *Guide to TV Comedy*. Ond ddaru BBC Llundain ddim derbyn llythyr o'r Rhos. O ganlyniad, fe ddaeth *Monty Python's Flying Circus* yn un o'r sioeau comedi mwy poblogaidd a dylanwadol a fu erioed. Efallai nad oedd gennym yr un dalent â'r Pythons, na chymaint o brofiad sgwennu, ond roeddem ar yr un trywydd – yn chwilio am fath o gomedi oedd yn fwy swreal na chomedi *Ryan a Ronnie* a'r nosweithiau llawen.

Mae'r chwilio'n parhau, ac mae angen i ni feithrin talentau sgwennu yng Nghymru sy'n medru creu cyfresi fyddai'n apelio at bobol ifanc, fel mae *Little Britain*, *League of Gentlemen*, *The Office* a chyfresi tebyg yn Saesneg. Mae'n rhaid bod 'na hiwmor i'w gael yn *rhywle* yng Nghymru heblaw mewn siediau gwair.

Ar wahân i dynnu fy nillad yn gyhoeddus ddiwedd y

chwedegau, roeddwn i hefyd erbyn hynny'n gweithio i Evelyn Williams, oedd yn Bennaeth – neu'n hytrach, prifathrawes – Rhaglenni Plant. Pan oeddwn i yn yr ysgol, gofalai Evelyn am *Awr y Plant* o Fangor – mi gofiwch, efallai, imi sôn fy mod wedi cael cyfle ganddi i actio mewn sawl drama radio yr adeg honno.

'Lle i bopeth a phopeth yn ei le.' Dyna arwyddair bywyd taclus, disgybledig Evelyn. Dynes ddeniadol iawn, yn credu mewn bwyta'n iach, cerdded yn bell a gweithio'n galed. Mae'n bur debyg ei bod hi hefyd yn cael bath bob nos mewn llaeth gafr. Cymerai ei hun a bywyd yn gyffredinol o ddifrif. Pypedau, doliau, cymeriadau fel Lili Lon, Twm Taten, Gari Gonc a Cwac oedd ei byd.

Ar wahân i gydgyflwyno *Telewele* gyda Janet Parry Jones, roeddwn i hefyd yn cyflwyno *Hylo 'Na*, rhaglen i blant iau, efo Mari Griffith. Byddai'r rhaglen yn cychwyn yr un fath bob wythnos, gyda Mari a finnau yn ein tro yn canu:

> Hylo 'na! Hylo 'na! Hylo 'na i chi!
> Mae'n amser chwarae yn tŷ ni;
> Hylo 'na! Hylo 'na! Hylo 'na i chi!
> Mae'n amser chwarae yn tŷ ni.

(Bron na alla' i glywed rhai ohonoch chi'n canu yn y cefndir dri deg a phump o flynyddoedd yn ddiweddarach!)

Wedyn, ar ôl canu'r gân, byddem yn siarad yn syth i gamera ac yn dweud yr un geiriau bob wythnos:

'Hylo 'na. Fi, Hywel sydd ma. Dwedwch *chi* 'Hylo 'na'. (Oedi, ond dal i edrych i gyfeiriad y camera, ac yna nodio fy mhen fel petawn i wedi'u clywed nhw'n dweud 'Hylo na'.)

Yna cyflwyno sêr y sioe, sef gonc o'r enw Gari a chwadan fach o'r enw Cwac.

'Nawr, wnewch chi ddweud "Hylo" wrth Gari Gonc a Cwac?'

Roeddem wedi dweud a chanu'r brawddegau syml o gyfarchiad wythnos ar ôl wythnos. Beth allai fynd o'i le? Edrychais draw at Mari a gwenu, ac fe gychwynnodd hithau drwy ei chyflwyno'i hun. Iawn. Popeth yn berffaith. A rwan, cyflwyno Gari Gonc a Cwac. Yn anffodus, fe gawsant eu hailfedyddio gan Mari:

'Nawr, dwedwch chi "Hylo 'na",' meddai Mari gyda gwên ddel, 'wrth Gari Goc a Wanc.'

Bu bron i mi â disgyn wysg fy nghefn oddi ar y blocyn mawr coch yr oeddwn yn eistedd arno. Dechreuais chwerthin. Ymunodd Mari. Ymunodd pawb yn y stiwdio – pawb ond Evelyn. Daeth i lawr i'r stiwdio. Roedd hi'n flin. Petaen ni wedi gorfod sgwennu 'Gari Gonc a Cwac' ar ein sgriptiau gant o weithiau, fyddwn i ddim wedi synnu.

Cymeriad arall oedd yn agos at galon Evelyn oedd Twm Taten. Fel yr awgryma'i enw, taten oedd Twm. Yn wir, taten nobl gyda darnau bach o bren yn goesau a breichiau oedd Twm. Doedd Twm ddim yn symud nac yn siarad ond roedd o weithiau'n deud stori – nid yn ei lais ei hun, gan na fedrai siarad, ond drwy i'r rheolwr llawr adrodd y stori o'r golwg ar ei ran. Harold Jenkins, bachgen mawr addfwyn, cadarn ei giwio bob amser, oedd yn adrodd y stori – ac yn casáu gwneud hynny.

Penderfynodd ddial ar yr hen Twm. Ar ôl ymarfer yn y

bore, torrwyd am ginio. Am ddau, roedd pawb yn barod i ailgychwyn – pawb ond Twm. Ar y bocs lle'r oedd Twm Taten i fod, roedd 'na dwmpath bychan o greision, a chroes, a gwên ar wyneb Harold. Neu, o leiaf, dyna'r stori.

Blue Peter yn Gymraeg, ac mewn du a gwyn, oedd *Telewele*. Rhaglen gylchgrawn i bobol ifanc, oedd yn cynnig amrywiol bethau difyr fel gwersi gitâr a chanu yng nghwmni Gwennant Pierce Jones, consurio efo Al a Dorothy, Mary Lloyd Jones yn dangos sut i wneud patrymau efo hen ffelt, a sgyrsiau efo pobol ifanc fel Myrddin ap Dafydd, y cyhoeddwr a'r prifardd erbyn heddiw.

Wrth edrych drwy hen gopïau o'r *Radio Times* y dois i ar draws y cyfeiriad at enw Myrddin. Dyna un o orchwylion wythnosol fy mam ar ôl i mi gychwyn darlledu – prynu copi o'r *Radio Times* a mynd drwyddo efo crib mân, a rhoi cylch mewn coch o amgylch fy enw i bob tro. 'Sgwn i a gylchodd teulu Myrddin ap Dafydd ei enw *fo* mewn coch ar Dachwedd yr ail ar bymtheg, 1970?

Er fy mod i wedi ffilmio cryn dipyn yn ystod fy nghyfnod gyda *Heddiw*, roedd y ffilmio hwnnw wedi'i gyfyngu i ffiniau Cymru yn bennaf. Bellach, dyma gyfle i adael y nyth a hedfan i Fôr y Gogledd a glanio ar fwrdd yr *Ark Royal*, i dreulio wythnos arni fel llongwr. Y prif beth rydw i'n ei gofio am yr wythnos honno ydi fy mod i wedi cael fy nghyflwyno i'r ddiod ddieflig *'horse's neck'* – cyfuniad o frandi ac *angosturas bitters*. Gwddw ceffyl, ond cic fel mul.

Cofiwch chi, roeddwn i angen ychydig o hyder yr Iseldiroedd i wynebu wythnos mewn llong ar ddŵr, gan fod gennyf ofn boddi. Bu bron i mi â boddi ym mhwll nofio yr Empire Pool, a chwalwyd er mwyn codi Stadiwm y Mileniwm lle mae tîm rygbi Cymru wedi boddi'n ymyl y lan mor amal.

Cyfarfod merch bengoch o'r America tra oeddwn i yn y Coleg – dyna sut yr aeth pethau'n chwithig. Prin bythefnos ar ôl i mi gael gwersi nofio oedd yn sicrhau fy mod yn gallu nofio ar draws y pwll gydag un goes yn cyffwrdd y gwaelod, fe welais ferch Neptiwn yn ei gwisg nofio o liw tywod y traeth. Esboniodd i mi ei bod wedi ennill medalau lu am achub bywyd yng Nghaliffornia lle'r oedd hi'n byw, cyn gofyn imi: *'Would you like to see my technique?'* (*'Yes, and your saving technique as well,'* oedd y geiriau a aeth drwy fy meddwl, ond nas llefarwyd.) Beth bynnag, dywedodd wrthyf am orwedd yn ôl yn araf yn y dŵr. Gorweddodd hithau o danaf gan roi ei llaw o dan fy ngên, a dechreuodd nofio am yn ôl. *'Are you OK?'* gofynnodd. *'OK,'* medda' finnau. Ac mi oeddwn i'n OK, hefyd, nes iddi hi benderfynu bod yr arddangosfa achub bywyd drosodd.

Yn ddirybudd, gollyngodd merch Tarzan ei gafael. Roedd y dŵr droedfedd dros fy mhen. Agorais fy ngheg yn fy mhanig, sydd ddim yn syniad da os ydach chi'n digwydd bod o dan y dŵr ar y pryd. Llyncais lond ceg o glorin a phethau amheus eraill yn lle llyncu gwynt. Ciciais yn galed yn erbyn gwaelod y pwll. Deuthum i'r wyneb a dechrau curo'r dŵr yn wallgo, cyn suddo unwaith eto.

Dyma gyfle i Miss Achub Bywyd Califfornia ennill medal arall, ond gan fy mod i'n chwifio fy mreichiau o gwmpas 'fel gŵr ar ddyfroedd hunlle'n methu cyrraedd glan', ni allai ddod yn agos ataf. Yn y diwedd, a finnau ar ddiffygio erbyn hynny ac yn cydwybodol gredu fy mod yn mynd i foddi, rhoddais un gic arall a ddaeth â fi i'r wyneb; gwelais ei gwallt coch, rhoddais fy llaw ar ei phen a gwthio'n galed. Diflannodd hi o dan y dŵr ac fe saethais innau i'r awyr fel corcyn, a dechrau nofio fel petai siarc mwya'r byd yn chwennych fy nghael yn bryd blasus amser cinio.

I dorri stori hir yn fyr, cyrhaeddais y lan, codais allan o'r dŵr, a gorwedd ar fy nghefn wrth ochor y pwll gan anadlu'n wyllt. Ydach chi'n meddwl y cynhyrfodd unrhyw un? A minnau newydd wynebu marwolaeth trwy foddi, cyngor sychlyd y leiffgard tra'n camu dros fy nghorff lluddedig oedd: 'If you can't swim, don't go in the water.'

Byth ers hynny, rydw i'n fwy na pharod i lwgrwobrwyo'n hael unrhyw gynhyrchydd sy'n gofyn i mi neidio i mewn i afon neu fôr.

Ar ôl ffilmio ar yr Ark Royal, daeth cyfle i hedfan allan i Tiwnisia yng Ngogledd Affrica. Mynd o brifddinas Cymru i brifddinas ysbrydol y Tiwnisiaid, sef Kairouan, y bedwaredd ddinas bwysicaf yng nghrefydd Islam: Mecca, Medina, Jeriwsalem ac wedyn Kairouan, dyna'r drefn.

Roedd ffilmio dramor ar y pryd yn antur newydd sbon yn hanes BBC Cymru, ac yn sicir yn beth newydd yn hanes rhaglenni plant. Gan fod tri deg a phedair o flynyddoedd wedi llifo o dan bont amser ers y dyddiau hynny, mae'r atgofion yn brin a'r manylion yn brinnach. Ond mae 'na rai lluniau yn aros yn y cof o hyd. Ymweld â marchnad gamelod, a chael deuawd eisteddfodol efo un o'r camelod oedd ar werth, a chriw o blant bach lleol yn mwynhau'r hwyl o 'ngweld i a 'nghlywed i'n ceisio dynwared sŵn y camel. Bob tro roeddwn i'n udo roedd y camel yn hefru, a'i wefus ucha'n troi ar i fyny i ddatgelu rhes o ddannedd fel cerrig beddau gwyrdd. Fe fuon ni yn Sousse a Hammamet ac El Jem, lle mae 'na goliseum anferth, bron cymaint â'r un yn Rhufain.

Pan fydda i'n mynd i ffilmio dramor, yn amal iawn mae 'na dipyn o gellwair rhwng ffrindiau: 'O, 'ti'n mynd ar dy wyliau eto? Ew, mae'n siŵr ei fod o'n waith anodd – yfed gin & tonics yn y gwesty pedair seren 'na.' Celwydd ydi'r cyfan. Mae o'n waith ofnadwy o galed a tydw i erioed wedi aros mewn gwesty pedair seren – pum seren neu ddim i mi bob tro.

A dyna ges i un noson yn Tiwnisia – gwesty di-seren! *Troglodyte* – ogof danddaearol – yn nhref Matmata oedd y gwesty… Ond mae gen i ofn y bydd raid ichi aros hyd rywbryd eto am hanes hwnnw mewn manylder, ynghyd â dwsinau o straeon eraill sydd gen i yng nghelloedd y co am deithiau ac anturiaethau di-ri yn sgil blynyddoedd o ddarlledu – neu yma byddwn ni!

Ia! Tiwnisia oedd cychwyn y teithio. I Singapôr wedyn, ac Ibrahim a'i nadroedd mewn parc uwchlaw'r ddinas. Ym Malaysia, cyllell finiog yn agor gwythien yn rhisgl coeden rwber mewn planhigfa yn Johor Baru, a'r llaeth gwyn rwberaidd yn llifo allan. Yn Fflorida, ymladd efo crocodeil – wel, a bod yn onest, wnes i ddim ymladd efo fo, dim ond gafael yn dynn yn ei gynffon a chadw'n ddigon pell oddi wrth y pen arall – a gwisgo colur clown mewn pabell fechan tu ôl i babell fawr

Syrcas Barnum and Bailey a chael dysgu ambell 'routine' yng nghwmni'r clowniau byd-enwog.

Wrth ffilmio yn Fiji, ces wahoddiad i rannu hanner llond cneuen goconyt o *kava*, y ddiod genedlaethol sy'n blasu'n well o lawer nag y mae o'n edrych – ac mae o'n edrych fel dŵr pwll chwiaid! Yn Ffiji hefyd y cefais i'r pryd bwyd mwyaf cofiadwy dwi erioed wedi'i gael, wedi'i goginio mewn *lovo*, popty enfawr a gaiff ei greu trwy wneud twll enfawr yn y ddaear. Ac ar y fwydlen y diwrnod hwnnw, Dudley, roedd cig crwban y môr wedi'i fwydo dros nos mewn mango, banana a llefrith coconyt...

O'r holl deithiau ffilmio cyffrous a chofiadwy y cefais y fraint o fynd arnyn nhw, yn sicir y daith saith deg milltir i fyny'r afon Skrang yn Sarawak ym Malaysia, ac i ganol y jyngl i ffilmio llwyth yr Iban oedd taith y teithiau. Wedi'r daith hir yn y *perhau* – y canŵ hir a gaiff ei gerfio o un darn o goed – dyma fechgyn ifanc y pentref yn perfformio dawns o groeso yn seiliedig ar symudiadau gosgeiddig eu haderyn cenedlaethol wrth iddo hedfan uwchben yr ynys.

Uwchlaw'r fynedfa i'r *rumah panjai* – y 'tŷ hir' fyddai'n gartref i ni am yr wythnos – crogai hanner dwsin o benglogau i'n hatgoffa bod teidiau'r bechgyn ifanc wedi bod yn hela anifeiliaid ar ddwy goes yn ogystal â rhai ar bedair, a hynny ddim ond hanner can mlynedd ynghynt. O dan y penglogau roedd 'na dân yn mygu, a'r mwg ysgafn yn chwyrlïo'n dawel o amgylch y tŷ er mwyn cadw'r ysbrydion aflan draw...

Os oedd y *kava*, y ddiod groeso a gefais yn Fiji yn gryf, roedd o megis jinji-biyr o'i gymharu â'r *tuak* yn y tŷ hir!

Roedd ganddon ni i gyd – y fi a'r criw a'r cynhyrchydd, John Watkin – y penmaenmawr mwyaf dieflig wrth fynd i hela drannoeth. Ond rhag ofn i Huw John Hughes o'r Pili Palas ddarllen hyn o eiriau, af i ddim i fanylu yma beth yn union oedd y creaduriaid adeiniog glas y buon ni'n eu hela!

Un hanesyn bach arall cyn gadael yr ynys. Roedd y Pennaeth wedi ffansïo trowsus *flares* brown yr oeddwn i'n ei wisgo, ac i dorri stori hir iawn iawn yn fyr, mi gynigiodd law ei ferch mewn glân briodas i mi yn gyfnewid am y trowsus. Gan i mi weld y ferch ifanc yn cael cawod oer un bore – yn noeth o'i chanol i fyny – wn i ddim sut y ces i'r gras i wrthod ei gynnig, a derbyn yn hytrach ei gyllell hir, y *parang*, yn gyfnewid am y *flares*!

15

Wele'n cychwyn ddeuddeg o gychod bach ar noson dywyll, a'r goleuadau o'r lanternau papur sy'n crogi o'r toeau gwellt yn cael eu hadlewyrchu'n gylchoedd coch yn y dŵr llonydd. Mae hi'n wyth o'r gloch y nos ac mae pysgotwyr yr afon Oi yn Arashiyama, Japan wrthi'n gwthio'u cychod yn araf efo polyn hir drwy'r dŵr bas llawn o bysgod.

Yn ogystal â'r lanternau, mae 'na danau bychain yn crogi ac yn clecian o'r toeau. Ar wahân i'r pysgotwr sy'n gofalu am y polyn, mae 'na ddau bysgotwr arall – un yn cadw'i lygaid ar agor am y pysgod a'r llall yn tendio chwech o adar ar dennyn. Unwaith mae'r *look-out* wedi gweiddi yr hyn sy'n cyfateb i 'Penwaig Nefyn, ffresh o'r môr' mewn Japanaeg, mae ceidwad y *coos* yn rhyddhau'r adar a'r rheiny'n plymio fel saethau i'r afon. O amgylch gwddw pob aderyn mae 'na fodrwy arian sy'n atal yr aderyn rhag llyncu'r pysgodyn, ac unwaith mae o wedi dal un o'r pysgod mae ceidwad y *coos* yn rhoi plwc ar y tennyn, yn codi'r aderyn i'r cwch, ac mae hwnnw'n cyfogi cynnwys ei big i waelod y cwch cyn plymio unwaith eto i mewn i'r afon ddu.

Mae'r darlun yn fyw iawn yn fy nghof, nid yn unig oherwydd mai ffilm o'r pysgotwyr hyn wrth eu gwaith oedd yr eitem gyntaf i gael ei chynnwys ar raglen blant newydd sbon y bues i'n ei chyflwyno ar ôl i *Telewele* ddod i ben, ond hefyd oherwydd mai'r ffilm hon roddodd y syniad i ni am enw i'r rhaglen, gan mai'r enw Cymraeg ar bysgotwr pluog Japan ydi bilidowcar.

Fel yr aderyn, roeddan ninnau'n dowcio yn wythnosol i bapurau newyddion, cylchgronau ac archif ffilm i chwilio am ddeunydd i lenwi rhaglen gylchgrawn oedd yn debyg i *Blue Peter*, ond yn well. Yn wir, y stori oedd fod un sticer *Bilidowcar* yn werth pum bathodyn *Blue Peter* ar y farchnad ddu.

Fel y bilidowcars yn Japan, roedd 'na rywun yn tynnu'r tennyn yn dynn am ein gyddfau ninnau weithiau hefyd, sef y Pennaeth Rhaglenni Plant, Dyfed Glyn Jones. Yn y bôn, sgwennwr ac nid rheolwr oedd Dyfed. Petai'n byw yn Lloegr gallai fod wedi ennill bywoliaeth dda yn sgwennu nofelau ysgafn a chyfresi teledu. Roedd ganddo dymer oedd yn tanio'n gynt na thas wair yn mis Awst. Cofiaf yn dda iddo ofyn i mi symud o un man i fan arall ar lawr y stiwdio, ac i minnau awgrymu nad oeddwn yn credu bod y symudiad yn angenrheidiol. Ffrwydrodd! 'Blydi hel! Mi fasa'r lle 'ma'n iawn tasa 'na ddim blydi perfformwyr o gwmpas.' A dyna fynegi teimladau mwy nag un cynhyrchydd dros y blynyddoedd, mae'n siŵr! Roedd gen i dipyn o feddwl o Dyfed ar waetha'r stormydd, ac fe drosglwyddodd ei allu creadigol, ei dalent sgwennu, ei feddwl chwim a'i ddychymyg byw – a'i ffordd o edrych yn gam ar y byd – i'w feibion talentog, Matthew a Daniel Glyn.

Fe ddaliodd y *Bilidowcar* fwy nag un pysgodyn blasus yn ei big dros y blynyddoedd – Emyr Wyn, Angharad Mair, Elliw Haf, Emyr Davies, Naomi Jones, a'r un fu'n cadw cwmni i mi ar y dechrau, yr actores Marged Esli.

Roedd Marged yn hwyl garw i weithio efo hi, ac er na fyddwn ni'n gweld ein gilydd yn amal y dyddiau yma, bob tro y byddwn ni'n cyfarfod mi fydd 'na lot fawr o chwerthin yn britho'r sgwrs. Fe ddaru ni'n dau gyflwyno cyfres am anifeiliaid efo'n gilydd un tro. Un arall o syniadau Dyfed oedd y gyfres honno hefyd – *Arch Noa*. Ar ddiwedd un rhaglen, roedd Marged a finnau a phelican o Warchodfa Natur Pensgynor yn ffarwelio â'n gilydd – Marged ar y dde, fi yn y canol a'r pelican ar y chwith. 'Dyna'r cyfan am y tro. Dewch draw i *Arch Noa* eto'r wythnos nesa,' medda Marged. 'Ia,' medda finna, 'fe fydd y stiwdio 'ma'n llawn o anifeiliaid fel Peter y Pelican.' Ac wrth enwi'r pelican, rhoddais fy llaw chwith allan. Mae'n rhaid bod Peter yn credu bod ei swper wedi cyrraedd. Agorodd ei geg, a'i chau am fy mraich. Neidiais o leiaf ddeg troedfedd i'r awyr, ac er mai recordio roeddan ni, penderfynwyd peidio ag ailrecordio, a chaniatáu i Peter y Pelican ei bymtheng eiliad o anfarwoldeb, chwadal Andy Warhol.

Dro arall yn stiwdio *Arch Noa*, roeddan ni'n dangos i'r plant sut i adeiladu bloc o fflatiau i foch cwta trwy ddefnyddio plastig. Y syniad oedd eich bod chi'n adeiladu twr efo nifer o gylchoedd plastig wedi'u cydgysylltu, a lle i'r moch bach redeg i fyny ac i lawr o un stafell i'r llall. Reit debyg i Neuadd Gymraeg Pantycelyn ar nos Sadwrn! Wedi i ni gwblhau'r twr, roedd o'n sefyll ar ongl braidd fel Twr Pisa. Ar y bwrdd a thu mewn i'r twr roedd 'na bymtheg o foch cwta yn hapus eu byd. '*Dyna* ni,' medda fi neu Marged – dwi ddim yn siwr p'run a dim ots chwaith, oherwydd wrth gyfeirio ar y twr gorffenedig fe gafodd ei daro'n galed gan law flêr ac fe'i dymchwelwyd.

Petai Quentin Tarantino wedi ffilmio beth ddigwyddodd wedyn, mae'n bur debyg y byddai wedi dangos cylchoedd o blastig a moch cwta yn disgyn yn araf trwy'r awyr, ac yn bownsio fel peli bach brown ar ôl taro'r ddaear. Roedd y twr yn ddarnau, ond o leiaf fe lwyddwyd i achub pob un o'r moch cwta. Pob un ond un. Ac os ewch chi draw i'r stiwdio lle mae *Pobol y Cwm* yn cael ei recordio ar hyn o bryd ac edrych o dan far y Deri Arms, fe welwch chi deulu o foch cwta yn byw yn hapus ar friwison crisps a diferion cwrw – meddan nhw!

Sôn am Gwm Deri, y diwrnod o'r blaen roeddwn i'n sgwrsio efo Dai Sgaffaldiau ac yn synnu pa mor debyg oedd o i Emyr Wyn, cyn-gyflwynydd *Bilidowcar*.

''Ti'n cofio'r alotment?' meddai Emyr, ar ôl i ni ddechrau hel atgofion am y rhaglen. Roedd gen i randir yn ymyl gerddi Soffia, ac roeddwn wedi llwyddo i berswadio'r rhai oedd ynglŷn â'r rhaglen y byddai'n syniad da inni ymweld â'r rhandir o bryd i'w gilydd, a thrwy hynny gael eraill i wneud tipyn o'r gwaith caled yn fy lle.

''Ti'n cofio'r llwyth o ddail o fferm Bill the Milk?'

Yn ôl Emyr, fe gafodd o a Rhodri John, rheolwr llawr y rhaglen, eu perswadio i lwytho lori yn llawn o ddail ffresh o fferm Bill.

'A be wnes *di*?' meddai Emyr yn fygythiol.

'Dwi'm yn cofio...' medda finna'n ofnus.

'Wrth *gwrs* dwyt ti ddim yn cofio. Be wnes di? Dim byd, dim ond gyrru dy gar o flaen y lori i'r rhandir drwy

Canton, gyda hen bobol a phlant yn colapso achos fod ogle'r lori gaca mor uffernol.'

Yn yr hen fyd ma, mae 'na arweinwyr a gweithwyr. Y diwrnod hwnnw, fe ddangosodd Emyr ei fod o'n Fycspredar heb ei fath.

Dro arall, bu bron iddo â boddi pan oeddem ni'n dau yn ffilmio mewn canŵs ym Mhlas y Brenin. Ar ôl cael gwers sylfaenol ynglŷn â sut i fynd i mewn ac allan o'r canŵ ar dir sych, i mewn â ni i'r dŵr – Emyr a finnau, a rhyw ddeg o ganŵ-wyr eraill. Roedd yr hyfforddwr yn y canol, a ninnau ganŵ-wyr dibrofiad mewn hanner cylch o'i gwmpas fel côr adrodd. Am ryw reswm, tra oedd yr hyfforddwr yn dangos i ni sut i ddefnyddio'r rhwyf, roedd Emyr – heb i neb sylwi – wedi symud rhyw ugain llath oddi wrth y grŵp.

Yn sydyn, clywyd sŵn rhwyf yn taro yn erbyn canŵ. Dyna lle'r oedd canŵ Emyr wedi troi drosodd yn y dŵr a fynta'n dal tu mewn ac o dan y dŵr, yn ceisio dod yn ôl i'r wyneb ond yn methu. Rhwyfodd yr hyfforddwr ar sbîd i gyfeiriad y Titanic, a llwyddo i'w throi. Daeth Emyr i'r wyneb – yn wlyb, yn goch ac allan o wynt. Fe fu bron iddo â boddi. Byddai hynny wedi bod yn drasiedi, oherwydd doedd y camera ddim yn ffilmio ar y pryd!

16

'Sticiwch rheina ar ych crysa-T' meddai'r ferch oedd yn gofalu am y cyhoeddusrwydd wrth Gwyn Llewelyn a finnau yng nghysgod y cloc ar sgwâr Llangefni.

Roedd y ddau sticar tua'r un maint â chrempog, ac arnynt y geiriau hanesyddol RADIO CYMRU 92.95. Roedd Gwyn a finnau ar daith wedi'i threfnu gan IFP – Ioan Fedyddiwr Promotions – i sôn am VHF, ac i gyhoeddi dyfodiad y gwasanaeth cenedlaethol ar y trydydd o Ionawr, 1977. Ein bwriad, yng ngeiriau Golygydd cyntaf Radio Cymru, Meirion Edwards, oedd 'gwladychu'r tir' ac ehangu rhychwant rhaglenni radio Cymraeg. Bu pum mlynedd cyntaf y gwasanaeth yn gyfnod o dwf arthurol na welwyd mo'i debyg erioed o'r blaen, ac fe dreblwyd nifer y rhaglenni Cymraeg.

Ond mis Hydref 1976 oedd hi pan oedd Gwyn a finnau ar sgwâr Llangefni, a ninnau ar daith genhadol i Lanelli, Aberteifi, Tregaron, Machynlleth, Brynaman a Rhuthun, yn ogystal â Llangefni. Mae Lyn Ebenezer yn ei lyfr *Radio Cymru yn 21* yn sôn am Gwyn Llewelyn yn cael sgwrs efo Tom Daniel ym Mrynaman, a Tom yn adrodd y limrig yma'n fyw ar awyr:

> Roedd menyw yn byw yng Nghwm-ann
> Â lastig ei throwser yn wan,
> Ond fe gerddodd drwy'r dydd
> Â'i throwser yn rhydd,
> Roedd ei thin hi yn dala fe lan!

Blas lleol yn hytrach na chenedlaethol oedd i'r darllediadau allanol cynnar hynny – darlledu o'r ardal ac i'r ardal hefyd yn amlach na pheidio, oherwydd mai prif bwrpas yr ymweliadau â'r gwahanol ardaloedd oedd rhoi cyhoeddusrwydd i'r gwasanaeth newydd. A pha well ffordd o wneud hynny na rhoi cyfle i gymeriadau fel Tom Daniel ym Mrynaman i sgwrsio ar y rhaglen, gan obeithio y byddai'r ardalwyr yn mynd allan i brynu setiau radio wrth y cannoedd er mwyn gwrando ar y rhaglenni lleol ac ar y gwasanaeth cenedlaethol?

'Be 'dach chi'n feddwl, prynu set radio? Ma'r un sy gin i'n ddigon da. Dwi 'di gwrando arni ar hyd fy oes ers dyddiau'r *Noson Lawen*. I be bryna i set radio newydd?'

'Er mwyn i chi gael clywed y rhaglenni Cymraeg.'

'Ond tydw i'n clywad rhaglenni Cymraeg rwan.'

'Ydach. Ond *fyddwch* chi ddim.'

'Pam? Ydyn nhw am 'i newid nhw'n rhaglenni Saesnag?

'Nagdyn – rhaglenni Cymraeg fyddan nhw, ac fe fydd 'na fwy ohonyn nhw.'

'Da iawn.'

'Ond ar VHF byddan nhw.'

'VHF? Be 'di hwnnw pan mae o adra?'

'*Very High Frequency* – y donfadd uchal iawn. Ac fe fydd raid i chi brynu set radio newydd er mwyn derbyn y gwasanaeth newydd.'

'Ew, ma gynnoch chi *cheek*, yn dwad i fama a deud wrtha i am brynu set newydd i wrando ar wasanaeth sydd heb gychwyn! Be taswn i ddim yn 'i licio fo? Be tasa fo'n Feri Heili Pethma, chwadal Dyn Tryc? Dim diolch. 'Sticia i at yr *Home Service*.'

'Ond *fydd* na ddim *Home Service*. Fe fydd y rhaglenni Cymraeg ar y VHF...'

Ac yn y blaen felly – o Langefni i Lanelli! Erbyn hyn, mae ardal Brynaman yn derbyn ei rhaglen ei hun rhwng hanner awr wedi wyth a hanner awr wedi deg bob bore, gyda Ray Gravell yn ei chyflwyno. Ymgais eto i ennill mwy o wrandawyr i'r gwasanaeth cenedlaethol, ac mae hi'n frwydr barhaol gan fod 'na bellach fwy o gystadleuaeth am wrandawyr o gyfeiriad y gorsafoedd lleol.

'Nôl ym 1976, ar faes yr Eisteddfod Genedlaethol yn Aberteifi, cefais sgwrs dros goffi efo Geraint Stanley Jones, Pennaeth Rhaglenni BBC Cymru ar y pryd. Awgrymodd fod cyfnod cyffrous ar droed ym myd radio, a'i fod o am i mi gyflwyno rhaglen foreol bum gwaith yr wythnos o gwmpas amser brecwast. Sut fath o raglen? Pwy fyddai'n ei chynhyrchu? Doedd o ddim yn sicir, ond un peth roedd o yn sicir ohono oedd ei fod am i'r rhaglen *siarad* efo'r gynulleidfa oedd o amgylch y Bwrdd Brecwast Cynnar, ac nid darlledu atyn nhw. Fi fyddai Mr Difyr, a Gwyn Llewelyn yn Mr Difri. Ac felna'n ddigon syml y daeth y rhaglen fach i'n rhan.

Penodwyd Gareth Lloyd Williams yn Olygydd y rhaglen, a fo a'i bedyddiodd hi gydag enw oedd yn ddilyniant naturiol o'r rhaglen yr oeddem ein dau wedi ymwneud â hi ers 1968, sef *Helo Sut 'Dach Chi*. Cadwyd yr 'Helo' ac ychwanegwyd y 'Bobol'.

Roedd arian mor brin fel y bu'n rhaid i Gareth fynd ar ei benagliniau bron i gael arian i gyflogi ymchwilydd. Yr ymchwilydd cyntaf oedd Lena Pritchard Jones, wyneb cyfarwydd i wylwyr teledu yr adeg honno gan iddi gyflwyno *Stiwdio B* gyda Ronnie Williams. Y dyddiau hyn mae cytundeb tri mis yn cael ei ystyried yn gytundeb byr. Wel, ar y pryd, roedd Lena ar gytundeb pum niwrnod. Ar ddiwedd pob wythnos byddem yn mynd draw i dŷ bwyta Eidalaidd Savastanos i gynnal parti ffarwel i Lena. Cyn diwedd y parti, byddem yn gallu cyhoeddi bod gan Lena wythnos arall o waith, a bod gan *Helo Bobol* ymchwilydd am wythnos arall.

Yn enw *Helo Bobol*, felly – a'r rhaglenni newyddion cyntaf rheiny, *Cyn 7*, *Cyn 8* a *Cyn 9* – yr oedd Gwyn a fi'n rhynnu ar sgwâr Llangefni am saith o'r gloch y bore hwnnw o Hydref 1976.

Roedd Gareth a finnau'n gytûn ein bod am i unrhyw un oedd yn gwrando deimlo ei fod yn rhan o'r rhaglen ac yn rhydd i gysylltu efo ni, a dyna pam yr aethpwyd ati i sefydlu nifer o gysylltwyr lleol gyda'r bwriad o roi sylw cenedlaethol i ddigwyddiadau lleol ledled Cymru: Dafydd Parri ym Mangor, Richard Jones yn Wrecsam, Geraint Evans yn Aberystwyth, Gareth Morgan Jones yng Nghaerfyrddin a Richard Rees yn Abertawe.

Fel yn nyddiau *Helo Sut 'Dach Chi*, daeth sawl term ac arwyddair newydd i fodolaeth trwy *Helo Bobol* hefyd – rhai wedi'u bathu ganddon ni, rhai'n ganlyniad cystadleuaeth ar y rhaglen: y Bwrdd Brecwast Cynnar, y Bobol Bia'r Cyfrwng, yr iaith ar waith, yr iaith ar daith, a loncian yn lle jogio.

Sgyrsiau ar bob testun dan haul wedi'u cymysgu â cherddoriaeth oedd risêt *Helo Bobol* – gyda Gwyn Llewelyn yn ychwanegu 'chydig o bupur a halen y newyddion. Ond er i'r Dr John Davies ddweud mai un o wyrthiau trothwy'r wythdegau oedd Radio Cymru, ac i golofnydd *Y Cymro* ar y pryd, Hafina Clwyd, ddweud ei bod hi wedi bod yn werth dychwelyd o Lundain petai ond i gael clywed Radio Cymru, does dim raid dweud na toedd y risêt ddim at ddant pawb! O holl raglenni Radio Cymru, *Helo Bobol* oedd yn ei chael hi waethaf, a'r *Faner* fyddai'n colbio gan amlaf.

Ond wele gefnogaeth i ni o lwyfan y Genedlaethol yn Wrecsam ym 1977 gan Lywydd y Dydd, Dafydd Elis Thomas:

> Dydw i ddim yn ymddiheuro am ddweud fy mod i'n un o ffans Hywel Gwynfryn a *Helo Bobol*. Dwi'n gobeithio na fydd y BBC yn gwrando gormod ar y beirniaid llenyddol darlledu sy'n dweud bod angen mwy o gerddoriaeth glasurol a newyddion trwm, a llai o ganu pop yn y bore. O orfod deffro, mae'n well gen i ddeffro i sŵn Endaf Emlyn nag i Elgar.

Ond nid y fi, ar fy mhen fy hun bach, oedd yn gyfrifol am y sŵn newydd. Ar ôl deugain mlynedd o gyflwyno rhaglenni radio, does gen i ond yr edmygedd mwyaf o'r timau o gynhyrchwyr ac ymchwilwyr y cefais i'r pleser o weithio efo nhw. Nhw sy'n gwneud i mi swnio'n weddol gall; ar sail eu hymchwil a'u paratoi trylwyr nhw yr ydw i'n gallu cerdded i mewn yn hyderus i stiwdio. Efallai mai'r cyflwynydd ydi'r ddolen olaf yn y gadwyn, fel petai, ond mae cryfder y cyflwynydd yn dibynnu ar gryfder y gadwyn ar ei hyd.

'Nôl yn y dyddiau cynnar hynny, 'Charles Huws' (neu Dafydd Huws, i roi ei enw iawn iddo) oedd beirniad radio a theledu'r *Faner* – sgwennwr sy'n adnabyddus erbyn heddiw fel awdur nofelau fel *Walia Wigli* sy'n adrodd helyntion difyr y Dyn Dwad. Ac roedd o'n sgwennwr difyr bryd hynny hefyd, ac yn feirniad oedd yn gallu dinistrio'n adeiladol. Cofiaf iddo gyfeirio at raglen ar bapurau bro, a honno'n amlwg wedi'i syrffedu'n lân. Drwy'r erthygl, cyfeiriai at y cyfryw bapurau fel 'papurau bôr'!

A finnau ar un rhaglen wedi cyfeirio, fel y gwnes i yn y llyfr yma, at *'I know the guy'* Cassius Clay, a dweud y buaswn i'n ddigon balch o gael ei eiriau ar fy ngharreg fedd, meddai Charles Huws: 'Yr hen Hyw yn amlwg yn gwybod pa iaith fydd piau hi ym mynwentydd Môn maes o law!' Sylweddolodd Charles Huws fod yn rhaid i'w golofn ddiddori yn ogystal â beirniadu'n deg a chytbwys.

Mi fydda i'n darllen pob beirniadaeth, ac yn parchu'r feirniadaeth os ydw i'n parchu'r beirniad. Ac *roedd* gen i barch i Charles Huws – ond ddim cymaint i'r un a'i dilynodd, sef Peter Davies, neu Pete Goginan fel y câi ei adnabod. Roedd o'n fwy o sgriblwr blin nag o feirniad adeiladol, a byddai'n ymosod yn bersonol ar unigolion. Ar ôl iddo fy nisgrifio un wythnos fel 'person gwagsaw ac arwynebol', daeth ymateb o gyfeiriad llythyr gan J. J. Williams o Fangor yn fy nghanmol – er, cofiwch chi, synnwn i fwnci nad un o 'lythyrau gneud' y BBC oedd y llythyr hwnnw!

Er nad oedd rhywun yn cytuno â Charles Huws bob amser, roeddwn i'n gwneud yn siŵr mai at ei dudalen o y byddwn i'n troi gyntaf yn *Y Faner*. Dwi'n cofio'n iawn feirniadaeth Charles Huws o raglen deledu wnes i yn yr wythdegau efo Hywel Teifi Edwards. Roedd hi'n rhaglen fyw bob pnawn Sul, a'r wythnos arbennig yma roeddem wedi gwahodd Hywel i fod yn westai ac i siarad am yr Eisteddfod – neu efallai i siarad am fod yn un o ffrindiau pennaf y Frenhines Victoria. Beth bynnag, twyll oedd y cyfan, er mwyn perswadio Hywel Teifi i ddod i'r stiwdio a rhoi syrpreis iddo fo. Dyma bytiau o'r hyn oedd gan Charles Huws i'w ddweud yn ei golofn yr wythnos ganlynol:

'Hywel Teifi Edwards,' ebe Gwynfryn, hanner ffordd drwy'i raglan, 'hwn yw eich hanes.' A chan roi acen Eamonn Andrewsaidd ar ei Gymraeg efe a'i tywysodd at lan cadeiriau tawel, a lenwid maes o law wrth i'w deulu a'i ffrindiau fynd drwy fformat *This Is Your Life*... Newydd gyrraedd yn ôl o Brydain Fechan yr oedd Hywel Teifi, mewn mŵd Muscadet ymosodol o'r eiliad yr agorodd ei enau. Gwyddom oll o chwerw brofiad am ymchwil Gwynfryn ar Llew Llwyfo. Ar ganol trafodaeth ar yr Eisteddfod yn oes Fictoria, awgrymwyd bod angen cael rhywun i wneud ymchwil i'w fywyd a'i waith. 'Dwi'n amau wyt ti'n ddigon deallus i wneud y gwaith' gafodd y Monwysyn gan y Cardi... Sioe Hywel Teifi oedd hi, ac nid oes gennyf amheuaeth mai dyma'r peth difyrraf a welais ar deledu Cymraeg eleni.

Ac yn wir, *mi* awgrymodd Hywel Teifi i mi flynyddoedd yn ddiweddarach y dylwn fynd ati i sgwennu sioe gerdd am fywyd Llew Llwyfo, a aned ym Mhensarn, Môn ym 1831. Newyddiadurwr, nofelydd, bardd (o ryw fath!), golygydd papurau newydd, canwr ac eilun cenedl. O! ia, a llowciwr cwrw a sniffiwr snyff Llanerchymedd. Cymeriad lliwgar. Testun gwych.

Aeth Llew i'r America gyda'i deulu ym 1868 ar daith gerddorol. Llew oedd canwr pop *coast to coast* cyntaf America! Ar ôl dychwelyd i Gymru, roedd seren yr hen Lew wedi pylu, ac er iddo ennill rhai o brif wobrau'r Eisteddfod, nid oedd y Cymry yn ei addoli fel cynt. Aeth i ddyled, fe'i trawyd â'r parlys a threuliodd gyfnod yn y tloty. Mae ei fedd ym mynwent Llanbeblig.

Cesglais yr holl wybodaeth a oedd gennyf am y Llew – yn erthyglau, llythyrau, lluniau a dogfennau – ac euthum â hwy at fy ffrind, Geraint Morris, a gofyn iddo ddarllen y braslun o'i fywyd yr oeddwn wedi'i baratoi. Ymhen yr wythnos, rhoddodd alwad i mi a chytunodd y byddai Llew Llwyfo yn destun gwych ar gyfer ffilm gyda chaneuon, ond pwy oeddwn i'n gredu ddylai chwarae rhan y Llew? Atebais yn syth: 'y llais bariton gorau'n y byd, wrth gwrs – Bryn Terfel.' Cytunodd Geraint, ac fe anfonwyd strwythur y stori a'r syniad i Bryn. O fewn pythefnos, roedd Bryn yn garedig iawn wedi trefnu i'm gweld ym Mhantglas, ac yn wir roedd y syniad yn apelio ato. 'Dwi'n licio gneud petha gwahanol – ac ma' hwn *yn* wahanol.' Aeth pum mlynedd heibio ers y sgwrs honno, ac er i HTV ar y pryd ddangos diddordeb trwy brynu hawlfraint y syniad gennyf, mae'r holl waith ymchwil yn hel llwch ar silff un o'r ychydig ecseciwtifs sydd ar ôl yno.

O edrych yn ôl ar yr holl gyfweliadau wnes i ym mlynyddoedd cynnar Radio Cymru, mae'n anodd cofio ar brydiau pwy ydw i wedi'u holi a pham. Cofiwch chi, *mae* 'na sêr yn y ffurfafen! Clay Jones a Richard Bowering a Medwyn Williams y garddwyr. Haneswyr fel John Davies, Elin Jones, Bob Morris a Hefin Mathias. Llenorion a beirdd wrth y llath...

Ond yn ogystal â'r arbenigwyr, mi gofia i hefyd y miloedd o siaradwyr o bob rhan o Gymru sydd wedi bod yn ddigon caredig i ganiatáu i mi sticio meicroffonau o dan eu trwynau – ar Faes y Steddfod, ar y stryd, mewn marchnad ac mewn ffair.

Pob un â'i stori.

17

Dwi'n ysgrifennu'r geiriau yma wythnos ar ôl i mi ddychwelyd o Brifwyl Casnewydd. Steddfod wych. Y safle ar Barc Tredegar ymhlith y goreuon erioed, y tywydd yn gynnes (heb fod mor boeth â Meifod), Selwyn Griffith yn cael ei ethol yn Archdderwydd, bar ar y Maes am y tro cyntaf – a phawb y gwnes i siarad â nhw ynglŷn â hwnnw yn deud 'hen bryd hefyd'!

Peidiwch byth â gofyn i mi pa Steddfod oedd hi lle digwyddodd hyn a hyn, neu lle coronwyd hwn a hwn. Maen nhw i gyd yn un gybolfa fawr yn fy mhen i, mae gen i ofn. Ond mi ydw i'n cofio'n iawn mai un Aberafan ym 1966 oedd y gyntaf i mi ddarlledu ohoni – bron i ddeugain mlynedd yn ôl! Yn honno y ces i'r ymweliad rhyfedd hwnnw gan aelod o Gymdeithas yr Iaith (efo dau beint yn ei law), pan o'n i'n troelli disgiau mewn disgo ar gyrion Maes di-alcohol '66.

Pan oeddwn i'n cyflwyno'r Steddfod ar y radio efo Alwyn Humphreys, mi fyddai Alwyn yn eistedd wrth droed y llwyfan efo copïau trwchus o *Groves* – Beibl y cerddorion – yn barod i holi enillwyr wrth iddynt adael y llwyfan, a minnau yn fy mocs yn gwylio'r cystadlu, yn sylwebu fel oedd raid ac yn holi perfedd cerddorol Mr Humphreys ynglŷn â'r darnau oedd yn cael eu perfformio. Wedyn, os oedd 'na ddawnsio ar y llwyfan, fe fyddwn i'n gwisgo fy mhecyn ar fy nghefn ac yn crwydro'r maes yn edrych fel Mast Nebo ar ddwy goes, ac yn ymweld â'r pebyll cyn trosglwyddo'r awenau yn ôl i Alwyn ar ddiwedd y ddawns.

Cofiaf yn dda, ar ôl i mi gael y Wisg Werdd gan yr Orsedd, fy mod yng nghefn y Pafiliwn un diwrnod efo 'mhecyn ar fy nghefn ac awydd paned. O'm blaen, wele ddrws ac arno'n ysgrifenedig y geiriau 'Cyngor yr Eisteddfod'. I mewn â mi.

Dau berson oedd yn yr ystafell – Cledwyn Hughes a George Thomas.

'George,' meddai Cledwyn Hughes, *'let me introduce you to Hywel Gwynfryn. He's been honoured with a White Robe.'*

'Actually,' medda finna, *'it's a Green Robe.'*

'Don't worry,' medda George fel fflach, *'it'll turn white with age.'*

Ac mi oedd o'n iawn hefyd. Yn ddiweddarach, mi ges fy anrhydeddu eilwaith a chael y Wisg Wen. Felly, mae'r ddwy gen i, y werdd a'r wen – yr *home* a'r *away kit*.

Cyn i mi anghofio, wrth sôn am y Pafiliwn, un gair bach ynglŷn â hwnnw o 'mhrofiad i o eistedd yn ei ochrau ac yn ei uchelfannau trwy'r blynyddoedd. Efo'r holl sôn am ddiwygio'r Steddfod, efallai y bydd galw am gael llai o gystadlaethau. Wel, yn sicir, fe ddylai olygu Pafiliwn llai. Dyrnaid o bobol sy'n eistedd i wylio'r cystadlu yn y bore, a tydw i ddim yn cofio imi erioed weld y Pafiliwn yn llawn, ar wahân i'r awr neu ddwy yn y pnawn adeg ambell Seremoni. Cefais fy nghystwyo ychydig flynyddoedd yn ôl (gan aelod o'r Llys) am awgrymu mai un ffordd o gael mwy o gynulleidfa yn y Pafiliwn fyddai symud y cystadlaethau llwyfan i'r Babell Lên a throsglwyddo cyfarfodydd y Babell Lên i'r

Pafiliwn, a thrwy hynny sicrhau bod y ddau le yn llawn! Ond, o ddifrif, mae'r Pafiliwn presennol yn llawer rhy fawr i'r gynulleidfa sy'n ei fynychu, a dwi'n grediniol y bydd raid i rywun edrych yn fanwl ar y cystadlaethau hefyd a gofyn ydi pob un ohonynt yn ennill ei le.

Mi soniais gynnau 'mod i'n falch bod Selwyn Griffith wedi'i ddewis yn Archdderwydd. Mi fydd o'n ddewis poblogaidd, ond dwi'n gobeithio y bydd o'n newid ei feddwl ynglŷn â pheidio gwneud cyfweliadau yn Saesneg. Oni ddylem fanteisio ar bob cyfle posibl i daenu'r efengyl am ein Gŵyl Genedlaethol, yn hytrach na phregethu i'r cadwedig?

Eleni, yng Nghasnewydd, roeddwn i'n darlledu o'r Pafiliwn, Nia Lloyd Jones yng nghefn y llwyfan, Bethan Richards yn crwydro'r maes, Eleri Siôn mewn stiwdio efo'i gwesteion, a Marc Griffiths yn rhoi gwybodaeth gyson i'r gwrandawyr am yr enillwyr. Mewn stiwdio arall roedd Alwyn yn cyflwyno'r gwasanaeth digidol trwy'r dydd ar S4C, yna Beti George yn cynnig ei 'thocyn' Eisteddfodol i'r gwrandawyr gyda'r nos tra bod Huw Llewelyn Davies a Lisa Gwilym yn cyflwyno'r rhaglenni nos ar y teledu.

Ydi, mae pethau wedi newid. Yr oriau darlledu wedi cynyddu cymaint, a mwy o bobol yn gwrando ac yn gwylio'r Ŵyl ar y radio a'r teledu. Fe ellid dadlau ein bod ni'n gyfrifol am gadw pobol draw o'r Genedlaethol, ond pe na bai gwasanaeth y cyfryngau mor gynhwysfawr, a fyddai mwy o bobol yn mynychu'r Ŵyl? Tydi pawb sydd am fynd i'r Steddfod chwaith ddim yn *medru* mynd, ac iddyn nhw mae'r datblygiadau technegol wedi sicrhau nad oes raid iddyn nhw eistedd yn y Pafiliwn am hanner awr yn edrych ar lwyfan gwag tra mae pawb yn chwilio am gôr sydd heb gyrraedd neu feirniad sydd ar goll.

Cofiwch, mae'r *cyflwynwyr* hefyd weithiau'n lwcus fod 'na dîm go lew yn gyfrifol am ddarlledu o'r Steddfod! Un tro – yn nyddiau cynnar Radio Cymru – cofiaf i ni fel criw gael noson fawr y noson cynt. Chlywais i mo'r cloc larwm yn y bora, dim ond cnoc ar ddrws fy stafell i ddweud fy mod yn darlledu'n fyw ymhen deng munud. Neidio i mewn i 'nillad, rhuthro i lawr y grisiau, gyrru fel gwallgofddyn i'r cae, stopio'r car wysg ei ochor yn null Starsky & Hutch a rhedeg trwy'r brif fynedfa gan stwffio fy nghrys yn fy nhrowsus wrth imi fynd. Fyny'r grisiau â fi – a gweld Lena Pritchard Jones yn eistedd yn fy nghadair yn barod i gyflwyno. Gwelodd fi, a thynnu'r 'headphones' oddi ar ei phen a'u trosglwyddo i mi. Fel yr oedd y rheiny'n cael eu trosglwyddo, gallwn glywed Emyr Daniel rywle yn eu dyfnderoedd yn dweud: 'Draw â ni i Faes yr Eisteddfod at Hywel Gwynfryn.' Er mwyn rhoi cyfle i mi fy hun gael fy ngwynt ataf, chwaraeais y gân yr oedd Lena wedi'i gosod yno'n barod ar fy nghyfer, a thros y cyflwyniad llwyddais i ddweud 'Helo... Bobol' – a dim byd mwy. Cael a chael oedd hi, ond roedd Lena wrth law, yn gymorth mewn cyfyngder.

Dwi'n meddwl mai yn Abertawe yn '82 y gwnes i a Caryl Parry Jones gydgyflwyno'n fyw o'r Steddfod am y tro cyntaf. Cyfraniad pwysicaf Caryl i'r darllediadau oedd y brechdanau dyddiol a fyddai'n cael eu sodro ar y bwrdd rhyngom ni, i'w claddu rhwng y gân actol a'r llefaru i gyfeiliant unrhyw offeryn sy'n gwneud sŵn annaearol. Erbyn tua'r dydd Iau mae rhywun yn dechrau fflagio, chwadal Nain, ac er mwyn codi'r ysbryd fe fyddem yn chwarae gêm, sef creu enwau a fyddai'n addas i rieni eu rhoi i'w plant os oeddynt am i'r mab neu'r ferch fod yn Gystadleuydd Eisteddfodol yn y dyfodol. 'Chwysni Geseilfron' – cantores Cerdd Dant, heb os; 'Ceridwen Taranfollt' – ail ar y Llwyd o'r Bryn. A dyma'n ffefryn ni (teitl a fathwyd ar ôl i ni weld telynores lydan ei phen ôl yn eistedd tu ôl i'w thelyn mewn trowsus gwyn tynn, tynn oedd yn pwysleisio anferthedd y rhannau ôl) – 'Meringuewen Mynyddfawr'.

Mae'r holl sôn sydd yna'r dyddiau hyn am foderneiddio'r Genedlaethol a thorri tir newydd ag ati yn f'atgoffa am rywbeth ddigwyddodd mewn darllediad Eisteddfodol wnaethon ni ryw dro – darllediad byw, wrth gwrs. Roedd siop torri gwallt Constantinou yng Nghaerdydd wedi cynnig rhoi diwrnod cyfan o dorri, eillio, permio a wefio tuag at goffrau'r Ŵyl. Ond yn sgîl cynnig hael y Groegwr er budd diwylliant y Cymry, fe dorrwyd mwy na gwalltiau y diwrnod hwnnw. Do, fe dorrwyd tir newydd go iawn ar Radio Cymru.

Dyma drefnu i anfon gŵr parchus o'r ddinas – un o bileri'r Brifwyl – i'r siop i gael torri'i wallt. Y syniad wedyn oedd dysgu brawddeg neu ddwy o Gymraeg i Mr Constantinou, ffonio'r siop, a chael y Cymro parchus i sôn am ei brofiadau ac annog eraill i gael trin eu gwalltiau yno er budd y Genedlaethol, ac mi gafwyd hynny – a mwy.

Mi soniodd y gwron mor dda oedd y gwasanaeth, a bod yr hogan bach glên nid yn unig wedi torri'i wallt o ond hefyd wedi rhoi *blow dry* iddo. Wel, be ddeudodd o, a deud y gwir, oedd: 'A wyddoch chi be? Mae hi newydd roi *blow job* i mi.'

Edrychais drwy'r gwydyr ar Gareth Lloyd, y cyn-hyrchydd, a'i weld yn gwasgu botwm i ddeud rhywbeth yn fy nghlust:

'Blydi 'el. 'Nath o ddeud *blow job*?'

Nodiais fy mhen i gydnabod ei fod o wedi gwneud hynny, ar raglen fyw, er budd yr Eisteddfod.

Yr hyn oedd wedi digwydd, wrth gwrs, oedd bod Mr Constantinou wedi deud wrth y merched bach am ofalu sychu gwallt pawb ar ôl ei dorri: '...*and donta forgeta to give 'em a blowa job*'.

Ydi, mae'r gwynt yn chwythu lle mynno!

18

Yn ystod y blynyddoedd rydw i hefyd, wrth gwrs, wedi mentro dod i'r golwg ac ymddangos ar y teledu ambell dro – a chael mwynhad o wneud hynny hefyd.

Ond, i mi, y radio ydi'r bara menyn a'r jam. Mae'n well gen i'r radio fel cyfrwng na'r teledu. Dwi'n edrych yn well ar y radio yn un peth. Mae teledu'n gyfrwng angharedig wrth hogia mawr fel fi, achos mi ydw i'n edrych ddwywaith yn fwy nag unrhyw un ydw i'n ei holi, hyd yn oed ar ôl colli pum stôn. Mae teledu hefyd yn gyfrwng trafferthus. Rhaid i bobol y sain, y camerâu, y goleuo, y colur a'r gwisgoedd, ynghyd â'r sawl sy'n cynhyrchu ac yn cyfarwyddo, i gyd fod yn hapus cyn y cewch chi agor eich ceg.

Roedd yn well gen i fynd allan i ffilmio rhaglen deledu na bod yn y stiwdio. Ar ôl blynyddoedd o gyflwyno sioeau siarad yn y stiwdio, roedd hi'n nefoedd cael mynd allan gyda chamerâu fideo i saethu cyfweliadau ar leoliad.

Anghofia i byth wneud rhaglen gyda Ray Gravell ar gyfer fy nghyfres deledu ar bnawniau Sul (*Rhaglen Hywel Gwynfryn*), ac iddo fynd â mi i'r mynydd uwchben Mynydd y Garreg lle daeth o ar draws corff ei dad oedd wedi'i saethu'i hun. Hwnnw oedd y tro cyntaf i Ray siarad yn gyhoeddus am y digwyddiad, ac fe wnaeth hynny oherwydd ei fod yn gwybod ein bod ni'n dau yn rhannu'r un profiad.

Mwynheais y gyfres honno yn fawr. Fe es i i Rufain i gyfarfod y Pab, taith a wnaed yn bosib drwy gysylltiadau y diweddar Andrew O'Neill â'r Fatican. Treuliodd Andrew flwyddyn yno yn astudio ar gyfer yr offeiriadaeth, ac roedd yn gweithio ar fy nghyfres fel ymchwilydd. Cafodd pump ar hugain ohonom ein cyflwyno i'r Pab y diwrnod hwnnw, a phan ddaeth fy nhro i, ysgydwodd fy llaw a gofyn i mi o ble'r oeddwn i'n dod. Atebais fy mod yn byw yng Nghaerdydd, ac meddai: 'Ah! yes – I remember it well,' gan gyfeirio at ei ymweliad â'r brifddinas.

Oedd, roedd hi'n braf cael eich cyfres deledu eich hun, ond doedd hynny'n ddim i gymharu â'r wefr o ddarlledu'n fyw ar y radio. Dwi hefyd yn digwydd credu 'mod i'n well perfformiwr ar y radio – efallai oherwydd fy mod i wedi bod o flaen y meicroffon ers y dyddiau cynnar hynny ym Mangor, ac oherwydd mai dyn geiriau ydw i yn y bôn.

Cofiwch, mae problemau'n gallu codi wrth gyflwyno rhaglen radio hefyd weithiau. Dwi newydd gofio am ddigwyddiad wnaeth i mi chwerthin yn afreolus, oherwydd na fedrwn i ddim gwneud unrhyw beth i newid y sefyllfa a gododd y diwrnod hwnnw, hyn unwaith eto ar *Helo Bobol*.

Sgwrs oedd hi efo baledwr o fri. Roedd o wedi rhyddhau casét o rai o'r baledi yr oedd o'n eu canu a amgylch Cymru, mewn cyngherddau ac mewn ffeiriau hefyd. Roeddem wedi gofyn am gopi o'r casét i gael ei chwarae ar y rhaglen yn ystod y sgwrs, ond chyrhaeddodd y casét ddim mewn pryd. Fe benderfynwyd y byddwn i'n holi'r baledwr yr un fath.

Ar ôl cael hanes y baledi a'i hanes yntau, gofynnais a fyddai'n bosib i ni glywed pennill neu ddau o un o'r baledi. Fy ngobaith oedd y byddai'n fodlon canu ar y ffôn yn lle'r casét colledig.

'Hold on am funud,' meddai'r baledwr, ac yn hytrach na'i glywed yn clirio'i wddw i ganu, yr hyn a glywyd oedd y ffôn yn cael ei roi i lawr ar y bwrdd yn ei gegin, sŵn casét yn cael ei roi mewn peiriant, sŵn ffôn yn cael ei godi, a chyn i mi gael cyfle i ddeud, 'Yn anffodus, fedrwn ni ddim clywed casét dros y ffôn,' roedd y baledwr yn ôl ar y lein. "Ma ni 'ta – "Baled Ffair y Bala".' CLYNC. Sŵn botwm yn cael ei wasgu, ennyd o ddistawrwydd, yna sŵn pellennig y baledwr yn canu am ffair y Bala dros ffôn oedd erbyn hyn yn cael ei ddal wrth spicar y peiriant. Fedrwn innau ddim cysylltu efo'r baledwr oherwydd ei fod o'n dal y ffôn wrth ymyl y radio. Roedd y sefyllfa'n debyg iawn i un mewn sgetsh *Monty Python*, a'r unig beth y gallwn i feddwl amdano i'w ddeud wrth y genedl oedd: 'Dyma ni'n cael rhagflas o gasét fydd yn y siopau yr wythnos nesa…' Fe aeth o leiaf bum munud – a deg pennill ar hugain – heibio cyn i'r baledwr druan ddwad yn ôl ar y ffôn, a gofyn: 'Odd hwnna'n iawn?'

Bûm yn cyflwyno *Helo Bobol* am ddeuddeng mlynedd, a phan ddaeth y bore olaf ym mis Hydref 1989 roeddwn yn teimlo'n isel iawn, gan fod y rhaglen wedi bod yn rhan annatod o 'mywyd i am gyfnod mor hir. Yr unig beth a gofiaf am y rhaglen olaf honno oedd y gân olaf – Hergest yn canu 'Doedden nhw'n ddyddiau da?'

Ac mi oeddan nhw. Ond – a dyma lle dwi'n lwcus –

mae'n nhw'n dal i fod yn ddyddiau da. Efallai bod 'na duedd ynom fel cenedl i edrych yn ôl trwy'r amser, ac i ddweud am bob dim: 'Tydi pethau ddim cystal heddiw ag *oeddan* nhw.'

Mae 'na garfan sy'n dweud hynny am ddarlledu yn y Gymraeg. Mae'n wir, wrth reswm, fod 'na raglenni graenus a da wedi'u cynhyrchu yn y dyddiau cynnar – cyfnod Sam Jones, yr 'Oes Aur' fel mae hi'n cael ei galw. Oni bai am y sylfaen honno, fyddai Radio Cymru ddim mewn bodolaeth. Ond sarhad ar ddarlledwyr heddiw ydi awgrymu na tydyn nhw ddim yn ymdrechu mor galed â'r arloeswyr gynt i gynnal y safonau.

Hen bregeth gen i, fel y gwyddoch, ydi bod medru addasu yn y busnas yma'n hollbwysig. Addasu, newid, derbyn y dechnoleg newydd (ei chofleidio yn hytrach na brwydro yn ei herbyn), ac ail-greu eich hun trwy'r amser. Dyna, yn ôl y diweddar Gwyn Alf Williams, pam mae'r Cymry 'yma o hyd' – am ein bod ni, ar wahanol adegau yn ein hanes, wedi'n hail-greu ein hunain. Felly, derbyn unrhyw newidiadau (os nad ydyn nhw'n hollol afresymol, wrth gwrs!) a'u gweithredu. *'Adapt or die.'* Neu, ac aralleirio Harold Wilson a Gordon Ramsay, os nad ydach chi'n hoffi'r gwres ewch allan o'r gegin – jyst peidiwch ag aros yn y gegin yn cwyno'i bod hi'n boeth.

Ond fe boethodd pethau'n ddirfawr yn hanes Radio Cymru ym 1995 pan benodwyd golygydd newydd oedd ar dân i wneud newidiadau chwyldroadol.

19

Ym 1995 fe anfonwyd llythyr at y BBC yng Nghaerdydd, llythyr fyddai'n newid dyfodol Radio Cymru. Dyma'r llythyr:

Dydach chi ddim yn fy 'nabod i, ond mae gen i gyfrinach fach. Nid y ffaith fy mod i'n saith deg a phump oed heddiw ydi hi; mae hi'n fwy o lawer na hynny.

Rhyw saith mlynedd yn ôl oedd hi. Roeddwn i'n cerdded adref o'r capel ac mi ddaeth yna ferch annwyl iawn ata i –'ymchwilydd' o Gaerdydd – a deud rwbath ddaru newid fy mywyd i. Mi ddwedodd mai fi oedd Mrs Jones, Llanrug – fi oedd y ddynas yr oedd Radio Cymru yn trio apelio ati. Wel, roeddwn i'n teimlo fel ceiliog ar ben doman. Ond doeddwn i ddim yn dallt bryd hynny sut oedd y BBC yn gwybod pa fath o bethau yr oeddwn eu hisio; doeddan nhw 'rioed wedi 'nghwarfod i. A bod yn deg, cofiwch, maen nhw wedi bod yn agos ati – rydw i wrth fy modd efo Radio Cymru.

Ond bechod am Aneurin druan. Fo ydi fy unig fab. Mi adawodd o gartra ryw 18 mlynedd yn ôl. Mi ddaru o gyfarfod Mandy, merch o'r Sowth. Doedd hi ddim yn siarad Cymraeg – er, a bod yn deg efo'r hogan, mae hi wedi gadael i Aneurin fagu'r ddau blentyn yn Gymraeg. Mae hi wedi dechrau dysgu Cymraeg, ac mae Jonathan ac Adrian yn mynd i Ysgol Gymraeg. Wel, mi es i i nôl y rhai bach o'r ysgol, ac mi ges i yfflon o sioc – cannoedd o blant yn siarad Cymraeg. Nid fy math i o Gymraeg, cofiwch, ond roeddan nhw **yn** *ei siarad hi.*

Ro'n i'n gobeithio cl'wad Aneurin yn deud ei fod o'n cadw

168

cysylltiad trwy wrando ar Radio Cymru bob dydd, ond dydio ddim. Mae o wedi cael llond bol ac yn deud nad oes 'na ddim byd ar ei gyfar o. A Jonathan ac Adrian – tydyn nhw ddim hyd yn oed yn gwrando ar y rhaglen gyda'r nos swnllyd 'na, a dydi'r un o'u ffrindia nhw'n gwrando chwaith. A Mandy? Wel, a bod yn deg efo'r ddynas, does yna ddim byd ar ei chyfer hi a'i ffrindiau, nac oes? Mae o'n fy mhoeni fi nad ydi gorsaf Mrs Jones, Llanrug yn apelio at fy nhylwyth i fy hun.

Dwi wedi sylweddoli fod Cymru a'r Cymry yn newid. Mae'n rhaid cael rhaglenni Cymraeg i bobol fel fi, ond mae'n rhaid hefyd ceisio denu mwy o'r pethau ifanc yma a'r dysgwyr – mae rhai ohonyn nhw'n gneud mwy o ymdrech i gynnal y Gymraeg na rhywun fel Mrs Griffiths drws nesa, er ei bod hi'n fodlon gwrando ar Hogia Llandegai drwy'r nos! Yr hyn mae Mandy druan yn ei ddeud ydi, pam fod yn rhaid i bob rhaglen ar ei chyfer hi a'i thebyg fod yn addysgol? Pam na wnaiff Radio Cymru gynnig rhaglenni hwyliog mewn iaith syml ar gyfer y bobol yma?

Petai'r BBC yn trio egluro pam eu bod nhw eisiau newid pethau, efallai y buasai hyd yn oed Mrs Griffiths yn derbyn yr angen. Tybed a fyddai'r BBC yn fodlon gwrando arna i er mwyn trio apelio at gynulleidfa newydd?

Na – rhyw freuddwyd ffôl ydi'r cyfan. Pan fydda i wedi hen fynd i'r bedd, mae'n siŵr y byddan nhw'n dal i drio peidio pechu Mrs Griffiths drws nesa. Wedi'r cwbwl, dyna'r ffordd i chwarae'n saff, ynte?

Nid chwarae'n saff wnaeth y BBC ond yn hytrach penodi awdur y llythyr, Aled Glynne Davies. Roedd Aled wedi cynnwys y llythyr fel rhan o'i gais am swydd Golygydd Radio Cymru. 'Mae Cymru a'r Cymry yn newid' – dyna graidd y llythyr – ac ymateb i'r her honno oedd bwriad Aled Glynne.

Yn bersonol, roeddwn i wedi hen arfer â newidiadau, ond yn naturiol mae pob newid yn crychu wyneb y llyn ac yn anfon rhyw ias fechan i lawr cefnau'r rhai ohonom sydd, efallai, wedi bod yn gorffwys ar ein rhwyfau. Er bod profiad yn werthfawr, tydi profiad ddim yn rhoi *sicrwydd* i chi fel darlledwr – os oes gan y golygydd syniadau pendant ynglŷn â 'sŵn' y gwasanaeth, ac os nad ydi'ch llais chi'n gweddu i'r sŵn hwnnw, yna mae hi'n fater o 'ta ta a diolch yn fawr'.

Rhaid rwan – yn fyr – fynd â'r stori yn ei hôl ryw bum mlynedd cyn dyfodiad Aled. Ar ôl cyflwyno *Helo Bobol* yn foreol am ddeuddeng mlynedd, cefais i fy symud i'r pnawn. Fe fyddai rhai'n gweld y symudiad hwnnw'n debyg i symud hen stalwyn allan i gae i bori ar ddiwedd ei ddyddiau. Roeddwn i'n ei weld fel cyfle newydd arall, sialens newydd arall. Cawn hefyd godi ar amser call o'r dydd, heb orfod eistedd ar ochor y gwely yn tuchan a chwyno.

Yn ogystal, roeddwn yn cael cyfle i gynhyrchu'r rhaglen – sef *Pnawn Da* – a chydweithio efo merch y deuthum yn ffrindiau agos iddi ac yn rhywun yr oeddwn yn ei pharchu yn fawr. Roedd gan Sian Eynon feddwl praff a dychymyg byw, ac roedd yn ymchwilydd heb ei hail. Bu'n dioddef o anorecsia pan yn ferch ifanc ac roedd yn dal i ddioddef o glefyd y siwgwr, ond nid un i gwyno oedd Sian. Hyd yn oed pan fu'n rhaid iddi fynd i'r ysbyty am fwy nag un triniaeth, daliai i fod yn bositif drwy'r cyfan. Daeth yn ffrind i ni fel teulu ac roedd y plant yn ei haddoli, a phawb yn drist iawn pan gollwyd merch mor annwyl oedd yn gymaint o hwyl i fod yn ei chwmni.

I lenwi'r bwlch a adewais i ar fy ôl, roedd raid cael *dau*! Vaughan Hughes a Russell Isaac oedd y cyflwynwyr ddewiswyd i gydgyflwyno rhaglen newyddion y bore. Yn ôl y datganiad o'r Adran Newyddion, 'y gamp fydd cyflwyno materion y dydd mewn ffyrdd diddorol ac effeithiol, rhywbeth nad yw'r cyfryngau eraill bob amser wedi llwyddo i'w wneud.' Mae'n rhaid nad oedd y newid *yma* ddim yn llwyddiant chwaith, oherwydd ddwy flynedd yn ddiweddarach, 'nôl â fi i'r bore!

Ar ddechrau 1991, wele eto Lyn Jones, Golygydd Radio Cymru ar y pryd, yn cyhoeddi: 'Blwyddyn Newydd Dda! Patrwm newydd gwell...'. Byddai'r gwasanaeth newydd yn dechrau am chwech, gyda Dei Tomos yn rhoi *Blas ar y Bore*, yna rhaglen o newyddion, a finnau'n ôl wedyn am ddwyawr tan hanner awr wedi deg, pan fyddai Nia'n gwerthu pob math o geriach ar *Ocsiwnia*. Wyddoch chi be? Ers i mi ddechrau darlledu, dwi 'di gweld mwy o batrymau na golygydd *Knitting Weekly*.

A rwan, dyma ni bum mlynedd yn ddiweddarach, gydag Aled wrth y llyw ac yn awyddus i hwylio'r llong i gyfeiriad gwahanol go iawn! Roedd 'na daith stormus o'i flaen.

'Mae angen tipyn o awel iach yn awr ac yn y man, ond doeddwn i ddim yn disgwyl teiffŵn.' Geiriau Hafina Clwyd yn *Y Cymro* oedd y rheina, ac fe ychwanegodd, braidd yn sentimental: 'Rwyf yn teimlo fe pe bawn wedi cael profedigaeth. Wedi colli cydymaith annwyl a fu wrth fy mhenelin bob dydd am dros bymtheng mlynedd.'

Roedd eraill ar fin teimlo'r golled hefyd – yn wrandawyr a darlledwyr. Byddai'r gwasanaeth yn cychwyn am bump yn lle chwech, ond roedd rhaglen Dei, *Blas ar y Bore*, i ddiflannu ac yn ei lle dôi rhaglen gylchgrawn yn cael ei chyflwyno gan Siân Thomas. Roedd *Stondin Sulwyn* i droi yn bedwar slot chwarter awr, a finnau i wneud mwy o ddarlledu o'r gwahanol gymunedau o amgylch Cymru.

'Esblygiad, nid chwyldro' oedd y bregeth a bregethid ar y pryd. Os oeddach chi'n dal i gyflwyno rhaglen ar ôl y newidiadau, esblygiad oedd o; os oedd eich gwaed chi ar y carped, roeddach chi'n naturiol yn mynd i edrych ar y newidiadau mewn goleuni gwahanol. Yng ngeiriau athronydd mawr arall – Dudley, dwi'n meddwl – fedrwch chi ddim gneud omlet heb falu wyau. Roedd chef newydd Radio Cymru wedi astudio'r fwydlen yn ofalus a gweld bod angen ei newid hi – cynnig mwy o amrywiaeth, ond cadw rhai o'r prydau poblogaidd, blasus oedd ar y fwydlen cynt.

Pan gafodd Meirion Edwards, Golygydd cyntaf Radio Cymru, ei holi ym 1989 ar achlysur penblwydd Radio Cymru yn ddeg oed, meddai: 'Aderyn prin yw'r Cymro hwnnw sy'n ddigon grasol i gydnabod nad cwmpas ei chwaeth ef yw'r unig ffon fesur.' Neu, a dyfynnu Mrs Jones, Llanrug unwaith eto: 'Pam na wnaiff Radio Cymru gynnig rhaglenni hwyliog mewn iaith syml ar gyfer y bobol yma?' Tua'r un adeg, fe adleisiwyd eu teimladau gan Bennaeth S4C, Geraint Stanley Jones: 'Fe fydd yn rhaid i'r darlledwyr addasu eu rhaglenni i'r gynulleidfa hon... Ni all y Cymro breintiedig hwn bellach fynnu mai ei safonau ieithyddol a'i ddiddordebau diwylliadol ef yn unig yw sylfaen gwasanaeth Cymraeg.'

Ymhlith gwrandawyr Radio Cymru, roedd 'na garfan oedd yn wrthwynebus i'r syniad o orfod rhannu'r gwasanaeth gydag elfen arall o'r gymdeithas oedd yn ddi-gapel, yn ddi-Ysgol Gymraeg, yn ddi-*Faner* ac yn ddi-Eisteddfod. Ac roedd Aled yn gwybod hynny ac yn barod, pan fyddai'r gacan joclet yn hitio'r ffan, â'i *WMA* (*Weapon of Mass Appeal*) – Adrian Jones, un o brif gyflwynwyr Sain y Gororau.

Roedd Adrian yn gyfarwydd â darlledu yn Saesneg ar radio annibynnol ers yr wythdegau, pan oedd o'n gweithio i'r Cardiff Broadcasting Company (y CBC) yng Nghaerdydd. Ond am flynyddoedd cyn hynny, yn y saithdegau, fe sefydlodd ddisgo teithiol a chyflwyno rhaglenni radio yn Ysbyty Môn ag Arfon. Cyn cyrraedd Radio Cymru, bu hefyd yn gweithio mewn siopau ac mewn ffatrioedd, ac yn gyrru fan. Dyn yn 'nabod ei bobol!

Fe'i denwyd o Sain y Gororau, ac yn rhywle rhwng Wrecsam a Bangor aeth i mewn i giosg, diosg gwisg Adrian Jones, troi rownd dair gwaith a dwad allan fel Jonsi.

Robin Gwyn, wrth adolygu llyfr Jonsi yng *Nghyfres y Cewri*, sydd wedi mynegi orau arwyddocâd dyfodiad Eifion i'r gwasanaeth: 'Heblaw am ddewrder Aled Glynne, mi fyddai Jonsi a'r criw wedi'u cau allan o'r byd Cymraeg swyddogol. Ac, yn bwysicach fyth, fe fyddai'r gynulleidfa y mae o'n apelio ati – trwch y boblogaeth Gymraeg, o bosib – yn parhau i gael eu diystyru a'u gwawdio gan glwb ecsliwsif cyfryngis Cymru.' Ac yn ei golofn wythnosol yn *Golwg* dan y pennawd 'Ymlaen efo Jonsi', dyma oedd gan y newyddiadurwr sy'n hoffi

173

procio a phryfocio i'w ddweud: 'Yn fy marn i, dyma'r peth gorau sydd wedi digwydd i Radio Cymru ers y cychwyn cyntaf. Mae Jonsi fel y lager enwog hwnnw sy'n cyrraedd y mannau nad oes neb arall yn eu cyrraedd... Mae Jonsi'n haeddu slot foreol yn y dyfodol.' Ac fe'i cafodd.

Er yr holl newid, roedd Aled wedi pwysleisio y byddai rhaglenni traddodiadol fel *Talwrn y Beirdd* a *Beti a'i Phobol* a *Manylu* yn parhau, ac maen nhw'n dal yn rhan bwysig o'r gwasanaeth hyd heddiw.

Doedd pawb ddim yn gwrthwynebu'r newidiadau chwaith. Meddai Dylan Iorwerth, Golygydd *Golwg* ar y pryd (gan gyfeirio at Aled Glynne): 'Mae'n cymryd risg fawr, efo patrwm llai pendant i raglenni ac ambell i lais newydd, ond roedd angen newid rhywdro. Weithiau, mae'n rhaid symud stondin.'

Ond, ychydig fisoedd ar ôl y newidiadau, fe siglwyd y Gymru Gymraeg hyd at ei seiliau gan newyddion syfrdanol. Roedd y beirdd yn bygwth mynd ar streic. O Fôn i Fynwy ac o'r Rhos i Risga, roedd pobol wedi'u syfrdanu. Roedd y wlad mewn sioc. Pawb yn gofyn yr un cwestiwn: 'Pwy ydyn nhw, a pham maen nhw'n mynd ar streic?'

Fe gafwyd datganiad ganddynt, a dyma ran ohono:

> Tri pheth sy'n blino beirdd y byd –
> Saesneg a Saesneg a Saesneg o hyd;
> Petasai pedwerydd peth i'n blino,
> Saesneg fasa hwnnw eto.

> Y maen nhw yn hawlio'r awyr;
> Pwy 'dan ni? Dim ond gwrandawyr.

Nhw sy'n deud be sy' ar y radio,
Ni 'di'r rhai sy'n gorfod gwrando.

Protestio bod polisi cerddorol Radio Cymru wedi
newid, a bod rhai rhaglenni bellach yn chwarae
recordiau Saesneg, yr oeddan nhw'n bennaf. Fel un
gafodd ei fagu yn sŵn jiwc-bocs Caffi Penlan, Llangefni
yn chwarae recordiau Tommy Steele, Buddy Holly, Neil
Sedaka, Elvis Presley a Roy Orbison, tydw i ddim yn
credu bod chwarae un neu ddwy o recordiau Saesneg yn
mynd i fyrhau oes yr iaith Gymraeg. Y Cymry cul eu
gorwelion sy'n gwrthod croesi'r bont ieithyddol i gynnal
breichiau'r rhai sy'n ymdrechu i ddysgu'n hiaith ni sy'n
mynd i neud hynny!

Yn ddiweddar, roeddan ni'n edrych yn ôl ar y
flwyddyn 1980 ar y rhaglen radio foreol, ac yn chwarae
ychydig o archif sain y cyfnod. Yn y flwyddyn honno y
saethwyd John Lennon ac y bu farw'r llenor Caradog
Prichard. Dau ddigwyddiad hanesyddol. Fe glywson ni
lais y llenor yn sôn am ei blentyndod – yn Gymraeg,
wrth gwrs – ac ar yr un rhaglen fe chwaraewyd eitem
newyddion yn Saesneg a chân John Lennon, 'Imagine'.
Yn nes ymlaen, fe ddewisodd y Prifardd Tudur Dylan
glywed Bryn Terfel yn canu un o ganeuon Schubert yn yr
Almaeneg. (Mae'n ddiddorol nodi yn y cyd-destun yma
fod un o westeion Beti George, Cymro blaenllaw ac aelod
o Gylch yr Iaith, wedi dewis clywed dwy gân Saesneg ac
un mewn Almaeneg allan o restr o chwe chân i gyd – a
dwi'n siŵr fod y gynulleidfa wedi mwynhau'r
amrywiaeth!)

Mae 'na gynnydd sylweddol wedi bod yn ystod y
cyfnod diweddar hwn yn nifer y rhaglenni hynny sy'n

tarddu'n uniongyrchol o'r gymdeithas ac yn adlewyrchu bywyd cymunedau Cymru. Eleni, fe ddechreuodd Radio Cymru ddarlledu rhaglen foreol i'r Gorllewin, gyda'r barfog, hwyliog Ray Gravell yn ei chyflwyno. Sefydlwyd stiwdio radio yn yr hen Go-op yn nhre Blaenau Ffestiniog, a'i hagor gan hogyn o Lanffestiniog – Mici Plwm – efo'r geiriau: 'BBC – Blaenau Biau'r Cyfrwng'. (Dwi'n dal i ddisgwyl am y siec!) Am dri mis, fe fu darlledwyr proffesiynol a'r bobol leol yn cydweithio i greu rhaglenni am y gymuned, i'r gymuned. Heb os, roedd *Lleisiau Stiniog* yn llwyddiant digamsyniol. *Miri Myrddin*, *Parti Ponty*, *Ffiesta Fflint*, taith haf Radio Cymru a *Planed Plant*: mae'r rhain i gyd – ynghyd â'r darlledu o'r ddwy Brifwyl – yn rhoi cyfle inni gael bod o fewn cyffyrddiad llaw i'n cynulleidfa, ar radio a theledu.

Yn ddiweddar, fe enwebwyd Radio Cymru am un o wobrau'r BBC – 'Gwobr y Gynulleidfa' i raglenni oedd yn gynnyrch cydweithio cymunedol. Fe enwebwyd dwy fil o raglenni gan orsafoedd darlledu'r BBC ym mhedwar ban byd, ac roedd rhaglenni Radio Cymru ymhlith y tair uchaf ar y rhestr. Felly, mae'n rhaid ein bod ni'n gwneud *rhywbeth* yn iawn!

'Gad i ni 'i drio fo.' Dyna ydi agwedd y golygydd presennol at syniadau sy'n cael eu cynnig iddo fo. Rydw innau'n gefnogol i'r agwedd yna, nid yn unig tuag at raglenni ond at fywyd yn gyffredinol. Dwi ddim eisiau eistedd yn fy nghadair yn gant a deg, a meddwl "Be fydda wedi digwydd, tybad, 'taswn i wedi...'

Oedd, roedd 1995 yn drobwynt yn hanes Radio Cymru – ac, fel mae'n digwydd, yn fy mywyd innau hefyd, gan i mi adael Caerdydd am y Gogledd ar ôl tri deg a phedair o flynyddoedd yn y brifddinas. Am y saith mlynedd nesaf, byddwn yn darlledu o Fangor. Ys dywedodd John Wayne, *'A man's gotta do what a man's gotta do'* – ond nid o ddewis bob tro.

20

O raid, ac nid o ddewis, yr es i i'r Gogledd ym 1995.

Fel un sydd wedi bod ar gytundeb blwyddyn ers deugain mlynedd, heb sicrwydd pensiwn, fe wn i'n iawn sut mae cytundebau'n gallu newid o flwyddyn i flwyddyn. Dwi'n cyfrif fy hun yn ffodus iawn 'mod i wedi llwyddo i weithio'n ddi-dor am gymaint o flynyddoedd, ac ar wahân i un flwyddyn gyda HTV, pob un o'r blynyddoedd hynny wedi bod efo'r Gorfforaeth. Rydw i'n lwcus iawn hefyd fy mod wedi cael fy nhalu'n anrhydeddus am wrando ar bobol yn siarad, oherwydd dyna ydw i'n ei wneud yn y bôn – ond peidiwch â deud wrth neb ei fod o mor hawdd â hynny!

Tan 1994, roedd fy nghytundeb yn cynnwys sicrwydd o waith teledu yn ogystal â gwaith radio, ond am wahanol resymau rhy gymhleth i'w hadrodd yma doedd y sicrwydd teledu ddim yn cael ei gynnig bellach, ac felly roedd raid llenwi'r twll ariannol. Fel yr awgrymais eisoes, yr unig beth sy'n sicir am ddarlledu ydi'r ansicrwydd. Ei gwneud hi mor anodd â phosib iddyn nhw *beidio* â'ch cyflogi chi ydi'r gêm.

Felly, ar ôl clywed nad oedd y cytundeb fel ag yr oedd o yn mynd i gael ei adnewyddu, rhaid oedd gwneud rhywbeth ar frys. Roedd 'na wyth o resymau dros y brys – gwraig a saith o blant!

Dai Smith oedd Golygydd Radio Wales ar y pryd, ac

roedd o'n awyddus i gael mwy o gyfraniad i'r orsaf honno o'r Gogledd, ac roedd o'n chwilio am rywun i gyflwyno dwy raglen yr wythnos o Fangor. Doeddwn i ddim mor rhugl yn Saesneg ag oeddwn i yn Gymraeg – ond roedd yr acen gen i! Mewn deugain mlynedd o ddarlledu, alla i ddim meddwl ond am *un* oedd yn gallu darlledu gyda'r un awdurdod yn y ddwy iaith, ac Alun Williams oedd hwnnw. Yn naturiol, byddai gweithio trwy gyfrwng y Saesneg yn golygu mwy o baratoi, ond roeddwn i'n teimlo'n weddol ffyddiog y byddwn yn gallu gwneud y gwaith.

Es i weld Dai Smith a chynnig fy ngwasanaeth. Esboniais y gallwn gynhyrchu a chyflwyno dwy raglen gylchgrawn a fyddai'n adlewyrchu bywyd Gogledd Cymru. Cyfuniad o gerddoriaeth a sgyrsiau a hysbýs. *Helo Bobol* yn Saesneg, a deud y gwir, a 'mwriad i oedd defnyddio rhai o gyfranwyr *Helo Bobol* hefyd. Awgrymais *Gwynfryn in Gwynedd* fel teitl – '*Gwynfryn in Gwynedd, from Gwynedd to the rest of Wales and beyond*'.

Gwrandawodd Dai Smith ar y 'sales pitch', ac meddai: '*Bloody Hell! Are you serious?*'

'*Bloody serious,*' medda finnau.

'*Go home and have a think about it*' oedd geiriau olaf Dai y diwrnod hwnnw, a'm geiriau cyntaf innau'r bore wedyn oedd:

'*I've thought about it. I think it would be a challenge. I want to do it.*'

'*We can only offer you a two-year contract – and no guarantee after that.*'

Ddiwedd yr wythnos, roedd y cytundeb wedi'i

arwyddo. Ddechrau Hydref, roeddwn ar fy ffordd i Fangor.

Petawn i'n onest, efallai bod fy mhenderfyniad i symud i'r Gogledd wedi bod yn un byrbwyll. Roedd gan Anja, fy ngwraig, ei hamheuon. Dwi'n meddwl i mi gael panig ar ôl i'r cytundeb blaenorol newid, ac efallai y dylwn fod wedi ystyried yn fwy gofalus ganlyniadau pell-gyrhaeddol y cam roeddwn ar fin ei gymryd.

Roedd o'n golygu teithio i fyny ar bnawn Sul a theithio'n ôl bnawn Gwener, treulio deuddydd gartra ac yna 'nôl ar y lôn unwaith eto. Mi sgwennais am y profiad mewn cân rai blynyddoedd yn ddiweddarach:

> 'Ti'n dad am ddau funud, 'ti'n ŵr am ddwy awr,
> A wedyn 'ti'n ôl ar y lôn.
> Ers tro, dwi'n dyfaru 'mod i wedi'th garu,
> 'Ti'n neb – dim ond llais ar y ffôn;
> Yn dad sydd byth adra, yn ŵr nad yw ddim
> Yn meddwl am neb ond fo'i hun,
> Ac O dwi'n dyfaru 'mod i wedi'th garu:
> 'Ti'n neb – dim ond wyneb mewn llun.

Y wraig sy'n siarad yn y gân. Nid fy ngwraig i, dwi'n prysuro i ddeud! Chefais i ddim byd ond cefnogaeth ganddi hi erioed – ond fe ga' i gyfle i ddweud mwy am hynny'n nes ymlaen!

Dwi'n cofio'n iawn y pnawn Sul cyntaf y gadewis i Heol Don (lle'r oeddan ni'n byw ar y pryd) am y Gogledd. Gyrru trwy'r Eglwys Newydd, ar yr A470, heibio Merthyr, a stopio wrth ochor y ffordd a beichio crio tu ôl i olwyn y car. Ro'n i'n torri 'nghalon ac yn amau yn barod ddoethineb fy mhenderfyniad, gan na fyddwn yn gweld Anja na'r plant ond ar ben wythnos.

Faint o straen fyddai'r drefn newydd yn ei roi ar ein perthynas ni? Wyddwn i ddim ar y pryd am faint y byddai'r teithio 'ma'n para. Dwy flynedd? Pedair? Am byth!

Fe gyrhaeddais Fangor ychydig o flaen Jonsi, fel y dylai unrhyw Ioan Fedyddiwr. Ar un ystyr, fe fûm i'n fwy ffodus nag Eifion. Doeddwn i ddim yn derbyn yr un elyniaeth ag a dderbyniodd o. Oherwydd ei fod o'n siarad yn ei ddull cartrefol, doedd hynny ddim yn plesio rhai o'r cynhyrchwyr. A phan ddechreuodd o ofyn ar ei raglen i'r hen goes gadw'i hun yn bur iddo fo, wel roedd hynny'n bechod marwol!

Y Nadolig cyntaf hwnnw, ym 1995, mi ges i syniad. Es i Debenhams ym Mangor, a cherdded allan efo coes chwith hen *mannequin* oedd wedi gweld gwell dyddiau. Gosodais hi ar ddesg Eifion, yn fwriadol amlwg er mwyn i bawb fedru'i gweld, efo'r neges: 'Dolig Llawen iti'r hen goes.' Neges i Eifion – ac i'w feirniaid.

Gwesty yn y Felinheli – 'Y Palas Pinc' fel mae o'n cael ei 'nabod – oedd fy nghartref yn ystod yr wythnos. Ond fedrai dydd Gwener ddim cyrraedd yn ddigon buan i mi gael hedfan i lawr yr A470 yn ôl i Gaerdydd, efo ffenestri'r car ar agor a gwên go iawn gynta'r wythnos ar fy wyneb.

Roeddwn i'n byw fel dyn di-briod heb gyfrifoldeb teuluol, ac roeddwn yn casau pob munud. Fel arfer, ar ddiwedd y dydd, byddwn yn dychwelyd yn syth i'r gwesty ac oni bai fod 'na wyneb cyfarwydd i mi yn digwydd bod yn aros yno, fe fyddwn yn treulio'r noson yn fy stafell yn gwylio'r teledu.

Un noson, fodd bynnag, ar fy ffordd i fyny'r grisiau,

daeth llais o gyfeiriad y bar: 'Gwynfryn!' Llais swynol Emyr Wyn, yn fy ngalw i ymuno ag o wrth y bar! Gormod o lawer o wisgis yn ddiweddarach, fe lwyddais i ryddhau fy hun o grafangau Mr Wyn a'r cwmni. Yn anffodus i mi, chlywais i mo'r cloc larwm y bore wedyn ac yn anffodus i Gerallt Pennant, roedd o'n digwydd croesi maes parcio'r BBC am ddeng munud wedi wyth a finnau'n dal mewn trwmgwsg. O fewn deng munud, roedd o'n cyflwyno'r rhaglen gan achub fy nghroen. Ond ches i ddim aros yn fy ngwely, oherwydd ddiwedd y bore roeddwn i'n hwylio o Gaergybi i'r Iwerddon ac yn holi pobol ar fwrdd y llong wrth fynd draw. Sâl? Peidiwch â sôn!

Ar ôl blwyddyn o fynd a dwad fel hyn, fe gytunwyd y byddem fel teulu yn symud i'r Gogledd i fyw. Ar ôl gwerthu'r tŷ yn Heol Don, fe brynwyd tŷ mam a thad Anja ym Mhrestatyn. Mewn gwirionedd, dim ond yn gorfforol y symudodd Anja o'r briddinas; arhosodd ei hysbryd yng Nghaerdydd, ac roeddan ni'n dau'n gobeithio y caem ddychwelyd ryw ddydd.

Roedd y teulu i gyd yn colli Caerdydd yn fawr iawn ac yn ei chael hi'n anodd i addasu i fywyd ym Mhrestatyn. Ond o leiaf roeddem yn byw'r drws nesaf i deulu fu'n gyfrifol am ysgafnhau ychydig ar y sefyllfa, sef Gwyn a Joan Bartley a'u plant, Sue a Jonathan.

Penderfynodd Gwyn ei fod am fynd ati i ailafael yn ei Gymraeg, ac ar ôl dwy flynedd o siarad cyson â'n gilydd, a dipyn go lew o ddarllen Cymraeg a gwrando ar ganeuon Cymraeg ac ar sgyrsiau ar Radio Cymru yn y car, fe lwyddodd i basio arholiad Cymraeg Safon Uwch yn ogystal â dod yn aelod o Fwrdd yr Iaith.

Cofiaf sawl barbeciw blasus a nosweithiau hwyr a hwyliog yn eu cwmni, ac yn arbennig y te bnawn Sul. Byddai mam Gwyn, gwraig annwyl iawn, yn galw unwaith y mis i weld y teulu, ac fe fyddwn innau'n cael mynd draw i fwynhau brechdanau samon ac ŵy, a theisen efo hufen – fel te pregethwrs Nain yn y parlwr ffrynt ym Monfa ers talwm!

Ymhen hir a hwyr, fe benodwyd Daniel Jones yn olygydd newydd Radio Wales i ddilyn Dai Smith. Golygydd newydd, syniadau newydd! Doedd cynlluniau Daniel Jones ddim yn cynnwys *Gwynfryn in Gwynedd*, nac yn nunlla arall chwaith. Ar y ffôn y clywais i ganddo y byddai'r rhaglen yn dod i ben ymhen chwe mis. Toedd y Daniel hwn, yn anffodus, ddim yn ddigon dewr i fynd i mewn i'r ffau a gadael i mi ddadlau fy achos wyneb yn wyneb ag o.

Ychydig yn ddiweddarach, fe ofynnwyd i mi sut baswn i'n teimlo ynglŷn â chydgyflwyno efo Dei Tomos yn y bore ar Radio Cymru. Dwi'n siŵr y byddai Dei'n cytuno nad oedd y naill na'r llall ohonom yn hapus iawn gyda'r penderfyniad. Y gobaith oedd y byddai dwad â dau mor wahanol eu hanian at ei gilydd yn creu partneriaeth ddiddorol. Roedd gennym ni'n dau ein amheuon ond roedd y penderfyniad wedi'i wneud ar ein rhan.

Erbyn y diwedd, roeddem wedi mynd yn debyg iawn i'r ddau ddyn cecrus oedd yn ymddangos ar ddiwedd y *Muppets* ers talwm. Er ein bod yn dwad ymlaen yn iawn efo'n gilydd y tu allan i'r stiwdio, yn y stiwdio roedd y tensiwn yn barhaol. Ac eto i gyd, mae gen i le i ddiolch i Dei oherwydd, yn anuniongyrchol, y fo oedd yn gyfrifol fy mod i wedi cael ail wynt ar y sgrîn fach.

Fel rhan o ddathliadau penblwydd Radio Cymru yn 21, fe benderfynodd y ddau ohonon ni fynd ar ein beics o gwmpas Cymru. Hogia Radio Cymru yn reidio Cymru o Gaerdydd i Ynys Môn dros gyfnod o wythnos ym mis Mawrth, ac yn sgwrsio efo Jonsi bob pnawn am dri o'r gloch – yna, gyda'r nosau, cyflwyno cyngherddau o wahanol bentrefi, cyn gorffen y daith yn Llangefni. A dyna egin y syniad a dyfodd yn y pendraw yn dair cyfres deledu aeth â fi unwaith eto ar fy meic – o amgylch y byd!

Fe aeth Marian Wyn Jones, Pennaeth y Gogledd, â syniad at Keith Jones, Pennaeth Radio a Theledu BBC Cymru: defnyddio'r beic fel dolen gyswllt mewn rhaglenni fyddai'n mynd ar drywydd teuluoedd oedd, am wahanol resymau, wedi gadael cartref 'a mynd o Gymru fach ymhell'. Er y byddem yn cael cipolwg ar y wlad yn ystod y gyfres, stori'r *bobol* oedd yn bwysig, nid harddwch unrhyw wlad y byddem yn ymweld â hi.

Roedd ymateb Keith yn bositif. Gofynnodd am gael gweld chwarter awr o raglen beilot er mwyn penderfynu a oedd y syniad yn haeddu cyfres ai peidio. Ac felly bu. Aethom i Ogledd Iwerddon a dychwelyd efo rhaglen chwarter awr, ac ar sail y rhaglen honno fe gomisiynwyd dwy gyfres. Yn naturiol, ro'n i wrth fy modd, ac yn hynod o ddiolchgar i Keith am ddangos bod ganddo ffydd yn y tîm cynhyrchu ac yn y cyflwynydd, ac yn ddiolchgar hefyd i Marian Wyn Jones am ei chefnogaeth a'i diddordeb.

O'r cychwyn cyntaf, roedd pawb yn cydweithio'n hapus – Marian yn olygydd, Gwenan Tomos a Llinos Wynne yn cynhyrchu a chyfarwyddo, a Mair Verrall (merch Emyr Humphreys, roddodd gyfle imi actio yn ei ddramâu pan oedd yn gynhyrchydd yn y pumdegau) yn ymchwilio.

Es i ddim â chamera hefo mi i dynnu lluniau ar gyfer yr albwm teuluol, ac eto, dim ond i mi gau fy llygaid, fe ddaw'r lluniau – fel cennin pedr Wordsworth – yn ôl i'r cof fel fflach:

Belfast – murluniau ar gefnau'r tai yn y Shankill, a finnau'n reidio 'meic yn araf heibio i dŷ Johnny Adair, un o aelodau blaenllaw yr IRA. Car Ford yn mynd rownd a rownd y sgwâr yn araf yn y pellter, yn ein gwylio'n ffilmio...

Rhufain – ffilmio ar gefn moped. Fi a Gari Williams yn gwau ein ffordd fel dau beth gwirion drwy draffig y Piazza Venezia...

Sbaen – gwisgo fel dawnsiwr fflamenco, gan edrych fel Clint Eastwood – o bell. Ym Madrid, clywed llais yn gweiddi: "Dan ni'n 'nabod Dei Tomos'...

Ynys Creta – eistedd dan goeden yn sipian *raki* a bwyta siocled â'i lond o gnau almon...

Dubai – tawelwch ac ehangder yr anialwch, a chladdu'r beic yn y tywod ar ddiwedd y gyfres.

Mae'r lluniau a'r profiadau'n ddiddiwedd, a rhai o'r bobol dwi wedi cael y fraint o'u cyfarfod wedi creu argraff ddofn a pharhaol arna i. Petawn i'n cael dychwelyd i un o'r gwledydd y bûm i'n ffilmio ynddyn nhw, lle baswn i'n mynd? I Kenya, efallai?

Ddeng milltir ar hugain tu allan i Mombasa, ym mhentref Kilifi, mae Alun Davies o'r Bala yn byw. Er bod ganddo hiraeth mawr am Gymru, mae o wedi aros yno, wedi dysgu Swahili ac erbyn hyn yn ddirprwy brifathro mewn ysgol ryngwladol ym Mombasa. Fel cyn-aelod o'r grŵp Eirin Peryglus, mae ganddo ddiddordeb byw yng ngherddoriaeth Kenya a'r diwylliant brodorol ac mae o'n chwarae mewn band jazz – Y Dynion Dur.

Ond fe ges i weld ochor arall y geiniog hefyd, a'r tlodi aruthrol sy'n y wlad. Roedd y criw wedi mynd i ffilmio efo Alun o gwmpas y pentref, gan fy ngadael i a'r gyrrwr i ofalu am y gêr yn y fan. Ar y ffordd lle'r oedd y fan wedi'i pharcio, roedd 'na nifer o stondinau yn gwerthu pob math o bethau, o ffrwythau a llysiau i ddarnau o goed, sosbenni a llyfrau. Dechreuodd un o'r stondinwyr ddadlau efo gwraig oedd yn cario babi ar ei chefn, a dau o blant eraill ganddi, un ymhob llaw. Esboniodd y gyrrwr i mi ei bod hi eisiau prynu llyfrau ail-law er mwyn dysgu'r plant i ddarllen, ond doedd ganddi ddim digon o bres i brynu bwyd a llyfrau oni bai bod y dyn yn gostwng ei bris, ac roedd o'n gwrthod gwneud – dwy bunt am y llyfrau, a dyna ni. Aeth y gyrrwr â fi draw, ac esbonio 'mod *i* am brynu'r llyfrau. Roedd y stondinwr yn hapus, y fam yn hapus, a'r tri ohonon ni'n cofleidio'n gilydd ac yn crio. Ond roedd hi mor hawdd i'r dyn gwyn o Gymru, na fu raid iddo fo erioed ddewis rhwng rhoi addysg neu fwyd i'w blant, roi'i law yn ei boced lle'r oedd na ddigon o dreuliau gan y BBC i gadw'r teulu mewn bwyd am fisoedd.

Do, fe fuo 'na ddagrau yn fy llygaid fwy nag unwaith yn Kenya, yn enwedig pan oeddwn i yng nghwmni Sian Molero o Ystradgynlais, ac yn gwrando arni'n dweud pa mor anodd oedd dygymod â bywyd cefn gwlad Kenya a rheolau caeth y llwyth oedd yn trin y ferch fel person eilradd. Roedd ei thad yng nghyfraith, Jo Molero, yn aelod seneddol uchel ei barch yn y wlad, a phan fu farw fe'i claddwyd yn ôl yr arfer ar y tir sy'n perthyn i'r teulu. Wna i byth anghofio gweld Sian a'i mam yng nghyfraith yn cerdded at y bedd, a Sian yn gorfod aros bellter i ffwrdd a'r tristwch ar ei hwyneb yn siarad cyfrolau.

Yn y gyfres olaf, cefais gyfle i ymweld â Tsheina a chyfarfod Nerys Avery yn Beijing, lle mae 'na fwy o feiciau nag sydd 'na o bobol yng Nghymru! Mae reidio beic yn caniatáu i chi fynd i lawr y lonydd cefn cul lle mae'r hen Tsheina i'w gweld – ond am ba hyd? Bydd y ddinas wedi'i gweddnewid erbyn y Mabolgampau Olympaidd yn 2008. Ar ôl gwario'r 3.6 biliwn o bunnau ar ei moderneiddio, bydd llawer o'r hen adeiladau y buon ni'n eu ffilmio wedi diflannu.

Ond y cwestiwn ofynnais i gynnau oedd pa un o'r holl lefydd dwi wedi ymweld â nhw y buaswn i falchaf o gael mynd yn ôl iddo ryw ddydd, pe doi'r cyfle. Yr ateb i'r cwestiwn yn ddigwestiwn ydi Rio de Janeiro.

Nid mynd i Rio wnes i i chwilio am y ferch dlos o Ipanema a anfarwolwyd mewn cân sy'n cael ei chwarae gan ryw orsaf radio rywle yn y byd bob pymtheng eiliad, na chwaith i chwilio am y ferch dlos arall a welodd Parry-Williams ar y cei, ond i gyfarfod hogyn o'r Bala, Jonathan Roberts, a gefnodd ar ei waith yn Llundain a mynd i Rio i weithio yn nghlinic cyffuriau Jorge Jaber.

Cyn i ni gychwyn ar y ffilmio, pwysleisiodd Jonathan y byddai'n rhaid i mi geisio bihafio fel y Carioca yn Rio. Rhain ydi'r dynion ifanc rhwng 15 a 39 (problem!), sydd wedi addasu eu bywydau i rhythm y tonnau'n torri'n gysglyd ar y traeth. Rhain ydi'r hogia sy'n gwisgo'n ffasiynol, yn cerdded yn araf, ac yn denu'r merched.

Wyddoch chi be, er i mi wisgo trowsus byr hir, a chrys oedd yn perthyn i'r saithdegau seicadelic, am ryw reswm mi gerddodd pob merch o Ipanema heibio heb stopio. Rhyfadd, 'de?

Un o ryfeddodau Rio ydi'r gofgolofn o Grist ar fynydd y Corcovado. Mae o'n gan troedfedd o uchder ac yn sefyll yno â'i freichiau ar led, yn croesawu'r byd i'r ddinas. O leia, dyna ichi *un* esboniad. Ond gofynnwch yn y *favela* – y slymiau sydd ar ochrau'r bryniau o amgylch y ddinas – ac fe gewch chi esboniad gwahanol: 'Mae'r Crist yn edrych i lawr ar y ddinas ac yn wynebu'r cyfoethogion, am ei fod o wedi troi ei gefn arnon ni...'

Dyna fu fy hanes innau hefyd ymhen hir a hwyr – troi fy nghefn ar Fangor. Pan ddaeth cyfle i ddychwelyd i Gaerdydd i gydgyflwyno efo Nia Roberts, fe'i derbyniais â breichiau agored.

Does dim angen dweud 'mod i'n hapus yn fy ngwaith y dyddiau hyn! Ddoe, roeddwn i'n gadael Canolfan y BBC ar ôl cyflwyno rhaglen foreol rhwng hanner awr wedi deg a chwarter wedi deuddeg, ac yn teithio i Lanfihangel-ar-arth, sydd rhyw awr a hanner o Gaerdydd. Mynd yno roeddwn i i holi John Glenydd, crefftwr sy'n gwneud pibau; Rod Tomos, sydd wedi sefydlu cwmni stafelloedd haul; perchennog tafarn yr Eagle lle mae un o gadeiriau Dewi Emrys yn cael ei chadw, a Rod Davies sydd wedi ffarmio fferm Croes Faen ers deugain mlynedd. Erbyn pedwar o'r gloch roeddwn ar fy ffordd yn ôl i Gaerdydd, ac erbyn wyth roedd yr holl sgyrsiau wedi'u bwydo i mewn i'r cyfrifiadur a'u golygu. Y bore canlynol, i mewn â fi erbyn saith er mwyn ychwanegu cerddoriaeth, ac erbyn naw roedd y cyfan yn barod. A dyna ni – hanner awr o raglen ar Lanfihangel-ar-arth. A chithau'n meddwl mai'r cyfan ydw i'n ei wneud ydi eistedd mewn stiwdio rhwng hanner awr wedi deg a chwarter wedi hanner dydd!

Mae gofyn i gyflwynydd radio y dyddiau yma fod yn ddyn sain ac yn olygydd yn ogystal â threfnu rhai cyfweliadau a'u recordio. Mae pob diwrnod yn wahanol – dyna sy'n braf, a dyna'r sialens ddyddiol sy'n rhoi cymaint o bleser a hapusrwydd i mi.

O'r bore cyntaf hwnnw o gyflwyno efo Nia, fe wyddwn y byddai'r bartneriaeth yn un hapus – er, cofiwch chi, does gen i ddim partner ar hyn o bryd, a finnau'n sgwennu'r geiriau yma ym mis Awst 2004 a Nia'n dal gartra ar ôl rhoi genedigaeth i ferch fach arall.

'Sgwn i os mai dim ond am gyfnodau byr y mae fy nghydgyflwynydd yn mynd i fedru 'niodda i, ac y bydd yn rhaid iddi gael babi bob hyn a hyn er mwyn cael ysbaid o'r jôcs gwirion?

21

Wrth baratoi ar gyfer Eisteddfod Casnewydd eleni, darllenais yr awdl 'Storm' gan Elwyn Edwards, a enillodd iddo'r Gadair yng Nghasnewydd ym 1988. Awdl ydi hi sy'n sôn am farwolaeth ei fam o ganser. Fedrwn i ddim llai na meddwl am farwolaeth fy mam fy hun wrth ei darllen:

> Nid fy mam oedd fy mam i,
> eithr 'roedd gwedd ddieithr iddi.
> Un mor wyn â marmor oedd,
> neu eira'r ucheldiroedd.

Flwyddyn ar ôl iddi farw y sylweddolais yn llawn gymaint o golled i mi oedd colli Mam. Hyd yn oed rwan, bymtheng mlynedd yn ddiweddarach, gallaf deimlo'r emosiwn wrth sgwennu amdani. Doedden ni ddim yn agos, a phan fyddwn i'n mynd yn ôl i'w gweld yn ystod dyddiau coleg ac ar ôl hynny, byddai penwythnos yn y tŷ yn fwy na digon. 'Pam na 'nei di'm ffonio'n amlach? Ti *byth* yn sgwennu. Ydan ni 'di gneud ein gora drostat ti – matar bach fydda cadw mewn cysylltiad.'

Cofiaf ar ddau achlysur i'r llais merthyrol fynd yn drech na mi. Y tro cyntaf, fe wnes i ymateb yn chwyrn ar ôl gwrando ar Mam yn cwyno nad oeddwn i wedi ffonio ers wythnos. (Fel mae'n digwydd, roeddwn i dramor yn ffilmio). Yr un diwn, yr un geiriau:

'Pam na 'nei di'm ffonio'n amlach?'

'Gwrandwch. Mae'r ffôn 'ma'n derbyn galwada' hefyd!'

Ffôn i lawr – a theimlo'n flin fy mod i wedi caniatáu iddi hi daro'r nerf a hithau ddau can milltir i ffwrdd.

Roedd yr eildro'n waeth. Ar y pryd, roedd 'Nhad yn yr ysbyty ym Mangor a Mam a minnau wedi mynd draw i'w weld o. Roedd hi'n bnawn o Awst poeth, yn llawer rhy boeth i wrando ar ddarlith arall eto fyth ar ddyletswydd-au unig blant i'w rhieni. Rhwng Llanfairpwll a Phorthaethwy, collais fy limpyn. Aeth yn ddadl – ac roedd Mam yn un dda am ddadla. Hanner ffordd ar draws Pont y Borth fe ffrwydrais, yn y modd tawelaf posib. Ar y naill law, roeddwn wedi colli rheolaeth; ar y llaw arall, roedd pob symudiad yn araf ac yn bwyllog. Heb air o rybudd, stopiais y car, diffodd yr injan, codi'r brêc llaw ac agor y drws.

Clywais Mam yn gofyn: 'Pam 'dan ni wedi stopio?' Cerddais allan o'r car, rownd y tu blaen ac agor y drws arall. 'Mam,' medda fi, 'un gair arall ac mi luchia i'r goriada 'ma i'r Fenai.' Efallai nad oedd fy union eiriau i mor ddiniwed â hynna chwaith. Erbyn hyn, roedd 'na giw hir o draffic wedi ffurfio y tu ôl i ni. Am y chwarter awr nesaf roedd 'na ddistawrwydd llethol yn y car – ar y ffordd i Fangor ac ar y ffordd adref hefyd.

Pan fyddwn i'n mynd adra i weld y ddau, ar ôl awr yn y tŷ byddai'n rhaid i mi ddianc a mynd draw i dŷ Arthur Furlong am loches. Ac eto, wrth sgwennu'r geiriau yma, euogrwydd dwi'n ei deimlo, a phang o gydwybod na faswn i wedi gwneud mwy o ymdrech, nid yn gymaint efo 'Nhad, ond efo Mam.

Ers pan ydw i'n ei chofio, roedd hi'n dioddef o iselder ysbryd ac agoraffobia. Er mwyn gallu sefyll o flaen meicroffon ac actio yn Neuadd y Penrhyn, byddai'n cymryd *Valium* neu *phenobarbitone*. Un neu ddwy wedyn cyn chwarae'r organ yn y capel. Wastad i fyny neu i lawr – byth ar y lôn ganol. Byth ar y lôn o gwbwl, os medrai hi beidio â bod – dyna pam mai 'Nhad fyddai'n cerdded siopau Llangefni yn ei flynyddoedd olaf.

Roedd Dr Hughes, y meddyg teulu, yn ymwelwr cyson. Byddai'r ymweliadau hynny'n ei phlesio'n fawr, gan ei fod o'n dweud wrthi yr hyn yr oedd hi am ei glywed. Bu Dr Dafydd Alun, y seiciatrydd, yn ei gweld droeon, a chafodd amser caled (yn cynnwys triniaethau) yn ysbyty'r meddwl yn Ninbych i geisio gwella'r cyflwr, ond doedd dim yn tycio.

Un byr iawn ei amynedd oedd fy nhad, fel y soniais ar ddechrau'r llyfr yma. Pe bai o – a finnau – wedi bod yn fwy amyneddgar efo Mam, hwyrach y basa derbyn ychydig o gariad gan y ddau ohonon ni yn lle cyffuriau'r doctoriaid wedi gwneud rhywfaint o les iddi. Neu ddim. Fydda i byth yn gwybod.

Yn y pendraw, bu'n rhaid symud Mam o'r cartref ym Mron y Felin i gartref nyrsio ar gyrion Llangefni. Yn ystod y cyfnod anodd yma, roeddwn wedi dechrau gweithio ar sioe gerdd gyda Caryl Parry Jones am hanes un o arwyr Terfysgoedd Beca, sef 'Jac Tŷ Isha'. Yn y sioe honno, mae 'na gân yn cael ei chanu gan fam Jac i'w mab, sy'n mynegi'i phryderon ynglŷn â phenderfyniad ei mab i adael cartref ac ymuno â'r terfysgwyr. Mewn gwirionedd, cân ydi hi am natur y berthynas, neu'r diffyg perthynas, oedd rhwng Mam a fi.

Ai hwn yw y baban a gysgodd
Mor dawel bob nos yn fy nghôl?
Ai hwn yw y plentyn a ddysgais
I beidio â tharo yn ôl?
Ie! Hwn yw'r bachgen a gerais
Yn fwy na fy mywyd fy hun,
A nawr rhaid i mi ei gefnogi –
Fe dyfodd y bachgen yn ddyn.

Cofiaf y noson olaf yn dda. Roedd y meddyg wedi rhoi morffin iddi i leddfu'r boen, ac wedi awgrymu bod y diwedd yn agos. Eisteddais mewn cadair gyfforddus wrth droed y gwely dwbwl, gan edrych arni â'i llygaid ar gau yn anadlu'n rhythmig, a llifodd yr atgofion du a gwyn yn ôl.

Trip i Aberdaron – fel merch i William Williams, Felin Fadryn, roedd ganddi feddwl mawr o Ben Llŷn; trip arall i Foelfre am de a sgons yn Ann's Pantry; fy ngwisgo yn fy siaced farŵn a rhoi parting yn fy ngwallt ar gyfer fy niwrnod cyntaf yn yr ysgol uwchradd; eistedd tu ôl iddi hi yn y stafell ffrynt ym Mron y Felin, a hithau wedi gosod sigarét ar un o nodau gwyn y piano ac yn canu emynau efo 'Nhad, gan anghofio am y sigarét a honno'n llosgi ymyl brown ar y nodyn; y tri ohonom yn mynd i Fenllech ar ein gwyliau ac yn aros yn Wern yr Wylan...

Yn ara' bach, gwelwn y cysgod yn ymledu dros ei wyneb. Dyfnhaodd yr anadlu. Teimlais fy mod eisiau bod yn agos ati am y tro olaf. Codais o'r gadair a dringo ar y gwely a gorwedd yno yn fychan fel pêl. Syrthiais i gysgu, ac erbyn i mi ddeffro roedd Mam wedi marw.

Dwi wedi meddwl droeon am yr hyn wnes i'r noson

honno. Ar un wedd, roedd o'n beth od iawn i'w wneud – cysgu fel babi bach ar waelod y gwely. Meddyliwn ar un adeg mai ymgais oedd yma i fynd yn ôl i'r groth ac ailgychwyn eto.

Fe fydda i'n meddwl cryn dipyn hefyd am y berthynas rhwng Mam a 'Nhad a finnau. Mae'n rhaid bod 'na adegau pan oeddan ni'n chwerthin ac yn mwynhau cwmni'n gilydd – wrth gwrs bod 'na – ond pam na fedra i mo'u cofio nhw? Fyddai pethau wedi bod yn wahanol pe bawn i ddim yn unig blentyn? Efallai mai dyna pam roeddwn i'n treulio cymaint o amser yn nhai pobol eraill. Doedd o fawr o hwyl bod adra ar eich pen eich hun yn chwarae *Scrabble*, neu'n chwarae cardiau efo'ch rhieni. Bellach, does 'na ddim pwynt ceisio dadansoddi'r gorffennol. Mae'n rhy hwyr i'r un ohonon ni newid dim.

Fedra i byth feddwl am salwch Mam heb gofio'r cyfnod a dreuliodd fy mab, Siôn, yn yr ysbyty pan oedd o'n codi'n bedair oed. Canser ydi'r cysylltiad, ond bod Siôn – gyda chymorth un llawfeddyg yn arbennig – wedi llwyddo i'w orchfygu. Aeth Siôn yn sâl am y tro cyntaf ychydig fisoedd ar ôl marwolaeth Mam. Aed ag o i Ysbyty'r Brifysgol yng Nghaerdydd a chael ei fod yn dioddef o Meningitis, ond diolch i Dduw, nid y math gwaethaf o'r salwch hwnnw. Ar ôl cyfnod dan law'r meddygon, cafodd ddod adref. Ond ymhen y flwyddyn, roedd yn ei ôl eto yn dioddef o'r un afiechyd, ac fel y dywedwyd wrthym roedd hynny'n beth anarferol iawn.

Ar ôl profion o bob math i'w system imiwnedd, fe benderfynwyd ei gadw yn yr ysbyty o dan oruchwyliaeth. Un diwrnod, daeth meddyg ifanc at y gwely a gofyn i ni a oeddem wedi sylwi ar unrhyw beth anarferol ym maint pen Siôn. Atebais yn gellweirus fod gen i geg fawr a bod gan ei fam – fel merch i fecar – ddwylo mawr, ac felly efallai bod gan Siôn ben mwy na'r cyffredin. Ond pam y cwestiwn? *'I'm sure it's nothing, but we think his head is slightly larger than it should be for a boy of his age. We'd like to give him an MRI scan.'* A hynny fu: trefnwyd bod llun yn cael ei dynnu o'i ymennydd.

Ymhen hir a hwyr, fe'n galwyd i stafell y niwrolegydd, Jonathan Vaffadis. Yn ei law roedd canlyniad y sgan. Gwasgodd fotwm a goleuodd ffenest fechan ar wal ei ystafell. Gosododd y lluniau pelydr-x o ben Siôn yn y ffenest – rhyw ddeg o luniau i gyd. *'I'm afraid it's a tumour,'* meddai. *'Can you see it? It's there'* – gan bwyntio at gylch bach du – *'there it is. Deep inside the brain, and it's the size of a tangerine and life threatening.'* Mewn perthynas â maint ymennydd Siôn ar y pryd, roedd tyfiant o'r maint hwnnw yn un mawr, ac roedd wedi bod yn tyfu'n dawel ddichellgar ers iddo gael ei eni yn ôl pob tebyg, heb unrhyw arwyddion allanol fod y canser ar waith y tu mewn.

Aeth Anja a finnau adref y noson honno heb lwyr sylweddoli arwyddocâd yr hyn yr oedd Mr Vaffadis wedi'i ddweud wrthym, a'r bore canlynol dychwelais i'r ysbyty gan obeithio cael ateb i gwestiynau nad oeddem wedi'u gofyn. Faint o obaith oedd gan Siôn o oresgyn y llawdriniaeth? Oedd 'na bosibilrwydd y byddai'r canser yn ymledu? *Wedi* ymledu, hyd yn oed? Gan fod y tiwmor yn ddwfn yng nghanol yr ymennydd, beth fyddai sgil effeithiau unrhyw lawdriniaeth?

Esboniais y cefndir i'r ddynes tu ôl i'r ddesg, gan ddweud fy mod yn daer awyddus i weld Mr Vaffadis.

Dywedodd wrthyf ei fod yn mynd o gwmpas y wardiau, ond os oeddwn yn barod i aros y byddai'n ceisio cael neges iddo. Wrth gwrs y byddwn i'n aros, ac yn wir, ar ôl iddo orffen ei rownd, fe ofynnwyd i mi fynd draw i'w stafell. Ymddiheurais am fynd â'i amser ac esbonio bod Anja a finnau eisiau gofyn un neu ddau o gwestiynau iddo, gan inni fethu dweud dim y diwrnod cynt oherwydd ein bod mewn cymaint o sioc.

'Stay there,' meddai, *'I'll be back.'* Aeth allan o'i ystafell, a phan ddychwelodd roedd yn cario model plastig llawn maint o'r ymennydd. Eisteddodd i lawr gan osod y model ar y bwrdd rhyngom a dechrau esbonio. Roeddwn wedi gobeithio cael dau neu dri munud o'i amser ond cefais dri chwarter awr. Tynnodd yr ymennydd yn ddarnau gan ddangos i mi union leoliad y tiwmor, oedd yn anffodus wedi'i lapio'n dynn mewn rhwydwaith o wythiennau. Er mwyn ei gyrraedd, byddai'n rhaid torri trwy'r gwythiennau, ond eu serio'r un pryd rhag i Siôn golli gormod o waed. Cofiaf ei eiriau'n dda: *'I have to get in and out as quickly as possible before the brain realises what's happening, otherwise it'll start closing down.'*

Cymerodd yr *'in and out'* wyth awr, ac fe esboniwyd i ni y gallai Siôn o ganlyniad i'r llawdriniaeth golli'i olwg a'i glyw. Bu yn yr ysbyty am ryw dair wythnos, tra oedd Anja a finnau yn aros yn Nhŷ Croeso, yr uned oddi mewn i'r ysbyty lle mae rhieni'n cael cysgu er mwyn bod yn agos at eu plant. Yn ôl Mr Vaffadis, bu'r llawdriniaeth yn llwyddiannus, ond doedd 'na ddim sicrwydd *'that every little seed, hiding around every little corner of the brain, has been dealt with.'* Gallai'r canser ddychwelyd. Felly, byddai'n rhaid i Siôn gael sgan blynyddol nes oedd o'n wyth oed, ac roedd 'na bob amser gwmwl yn ymddangos ar y gorwel ychydig ddyddiau cyn y sgan, ond roedd hwnnw'n mynd yn llai ac yn llai o flwyddyn i flwyddyn.

Tydw i ddim yn un o'r bobol 'ma sy'n cofio lle'r oeddan nhw pan saethwyd Kennedy a Lennon, neu pan laniodd Armstrong ar y lleuad, ac eto dwi'n cofio lle'r oeddwn i y diwrnod y darganfuwyd Sophie Hook yng ngardd ei hewythr yn Llandudno, wedi'i threisio a'i llofruddio. Roedd Anja a finnau yn mynd â Siôn i'r ysbyty am ei sgan olaf. Roedd *Newyddion Un* ar y radio fel roedden ni'n hwylio i gychwyn, ac mae'n rhaid bod Siôn wedi bod yn gwrando ar yr adroddiad am lofruddiaeth Sophie. Diffoddodd y radio er mwyn cael ein sylw.

'Beth fydd yn digwydd i Sophie?' oedd cwestiwn Siôn.

'Mae'n bur debyg,' meddai'i fam, 'y bydd hi'n cael ei chladdu.'

Roedd ymateb Siôn yn dipyn o sioc i ni:

'Pan ydw i'n marw, dyna ydw *i* isio. Dwi'm isio cael fy llosgi.'

'Dwyt ti ddim yn *mynd* i farw, Siôn.'

'Pan dwi'n marw, dwi'm isio cael fy llosgi,' meddai eto'n bendant.

'Pam, Siôn?'

'Achos os ydw i'n cael fy llosgi, sut mae Duw yn mynd i fy ffindio fi?'

Wel, os ydi O'n edrych i lawr heddiw, ar ddydd penblwydd Siôn yn 17 oed, tydio ddim yn un anodd i'w 'ffindio' – mae o'n hogyn tal chwe troedfedd, newydd gychwyn yn y chweched dosbarth yn Ysgol Glantaf, Caerdydd.

22

Sŵn tonnau'n torri ar draeth pellennig, yna:

'Cyrraedd i wenwlad eu dyheadau
Yn fintai unig at fin y tonnau;
Tirio, â'u trem ar wylltir y trumau
Yn y fro anial a'r noethlwm fryniau...'

Llais ar y radio wedyn yn adrodd yn dawel: 'Ar Orffennaf yr wythfed ar hugain, 1865, glaniodd cant pum deg a naw o ymfudwyr o'r *Mimosa* ar draeth Porth Madryn ym Mhatagonia...'

Dyna gychwyn y rhaglen gyntaf mewn cyfres o chwech a recordiwyd yn Mhatagonia ym 1999. Syniad Rhisiart Arwel, un o uwch-gynhyrchwyr Radio Cymru, oedd y daith. Y bwriad oedd mynd yno i ddarlledu'r Eisteddfod yn fyw o Drelew ar Radio Cymru, a chan ein bod ni yno am ddeng niwrnod, recordio digon o sgyrsiau i gynnal chwe rhaglen am y bywyd Cymraeg yn y Wladfa.

Roeddwn wedi cael fy mwydo'n blentyn â'r stori ramantus am sefydlu'r Wladfa – ond pan euthum yn ŵr fe ddechreuais amau'r holl straeon am y Gymraeg yn ennill tir yno. Pan ddaeth y cyfle, felly, i fynd draw i Batagonia, penderfynais y byddai angen dos go iawn o siniciaeth iach yn gymysg â'r gwin coch er mwyn creu darlun cywir a theg o'r sefyllfa.

Gan 'Nhad y clywais i gyntaf am Dde America a Phatagonia, pan oeddwn i rhyw bump neu chwech oed. Yn ystod ei deithiau morwrol byddai'n ymweld â phorthladdoedd y byd, ac un ohonyn nhw oedd Buenos Aires. Roedd ei dad, David Evans, wedi mynd allan i Batagonia ar ddechrau'r ganrif ddiwethaf i weithio ar fferm. (Roedd hwnnw wedi *meddwl* mynd allan ar y *Mimosa*, ond pan glywodd o mai John ac Alun fyddai'n gyfrifol am y cabare, mi newidiodd ei feddwl.) Dychwelodd fy nhadcu yn gwisgo het *gaucho* ar ei ben a *poncho* am ei sgwyddau, ac yn ôl Tom Gravell o Gydweli, fe'i bedyddiwyd yn syth yn Dai Patagonia.

Yn anrheg unwaith gan 'Nhad o Buenos Aires, cefais bâr o sgidiau lledr bychan, het *gaucho* (fel un fy nhadcu) a *bolas*. Darn hir o raff efo peli caled o bren ar bob pen ydi'r *bolas*, ac yn nwylo'r *gaucho* mae o mor effeithiol â bwmerang yn llaw'r aborigini. Yn lle lluchio rhaff am wddw'r bustach fel lasŵ, byddai'r *gaucho* yn chwyrlïo'r *bolas* uwch ei ben ac yna'n ei ryddhau i gyfeiriad traed y bustach er mwyn ei faglu.

Cysylltiad cynnar arall â Phatagonia oedd gwrando ar *Bandit yr Andes* ar y radio yn y pumdegau – addasiad radio o nofel antur i blant gan R. Bryn Williams am blant o'r Wladfa oedd wedi syrthio i ddwylo'r bandits drwg – hynny yw, bandits drwg i fod, ond bod swyddogion y llywodraeth yn fwy o ddihirod na rhai o'r bandits cyn diwedd y stori!

> Mae Dyffryn Camwy yn ymestyn am hanner can milltir o'r môr i'r gorllewin, a hynny rhwng bryniau moel. Y tu hwnt iddo y mae'r paith yn ymestyn yn ddiffeithwch am dri chan milltir at droed mynyddoedd yr Andes...

A dyma fi, ddeugain mlynedd ar ôl cael fy nghyfar-eddu gan y gyfres radio, ar fin cyrraedd gwlad y Bandit ei hun. Ar ôl hedfan i Buenos Aires ac oddi yno i Drelew, daeth Monica Jones, un o ddisgynyddion yr arloeswyr cynnar, i 'nghyfarfod i. Monica ydi Mererid Hopwood y Gaiman – y ferch gyntaf i ennill cadair Eisteddfod y Wladfa. Ar y ffordd, buom yn cael trafodaeth frwd ynglŷn â'i thras, a finnau'n ei herian trwy ddweud wrthi mai Archentwraig oedd hi. Hithau'n gorfod cytuno, ond yn mynnu bod y gwaed cynnes oedd yn llifo trwy'i gwythiennau yn ei gwneud hi gystal Cymraes ag unrhyw ferch sydd wedi'i geni yng Nghymru. Yn wir, fe briododd Monica Gymro – Gwyn, o Ddyffryn Conwy – ac ers dwy flynedd bellach mae'r teulu'n byw yng Nghymru oherwydd sefyllfa argyfyngus economi'r Ariannin. Ar y pryd, roeddynt yn cadw Gwesty Tywi yn Stryd Michael D. Jones yn y Gaiman, a fanno roedd Rhisiart a finnau'n aros yn ystod ein hymweliad.

Pan welais i'r Gaiman am y tro cyntaf, roeddwn i'n disgwyl clywed sŵn cerddoriaeth Enrico Moricone a gweld Clint Eastwood yn cerdded yn araf i'm cyfarfod i lawr y stryd lydan, tra'n byseddu ei sics-shwtyr o dan ei *poncho*. Dwi'n prysuro i ddweud nad felly mae hi o gwbwl, ond dyna'r teimlad ges i – 'mod i wedi camu'n ôl mewn amser i ddyddiau Butch Cassidy a'r Sundance Kid. A pha ryfedd 'mod i'n dychmygu gweld y dihirod hynny ar gefn eu ceffylau? Wedi'r cwbwl, aelodau o'u gang nhw, yn ôl un stori, oedd yn gyfrifol am saethu Llwyd ap Iwan – mab Michael D. Jones, sylfaenydd y Wladfa – yn ei siop adeg y Nadolig, 1909, am iddo wrthod rhoi arian iddyn nhw.

Mae 'na ddwy gymuned Gymraeg yn y Wladfa: Esquel a Threvelin wrth droed yr Andes, a'r Gaiman, prif gymuned Gymreig Chubut yn nyffryn yr afon Camwy. A dyna gysylltiad teuluol arall. Mae ewythr i mi sydd wedi'i gladdu yn Llanddaniel wedi'i enwi ar ôl yr afon – Camwy Evans. Yn y Gaiman y mae Coleg Camwy, lle mae'r Gymraeg i'w chlywed yn rheolaidd ac yn cael ei dysgu fel rhan o ddarpariaeth addysgiadol y coleg. Ewch i mewn i 'Siop Bara', 'Crefft Werin', 'Man Naturiol' neu'r Amgueddfa, ac fe ellwch siarad Cymraeg fel tasach chi yng Nghaernarfon neu Aberteifi.

Ar waelod yr allt hir sy'n arwain at Westy Tywi mae'r Davarn Las, fyddai'n wag fel arfer tan rhyw unarddeg o'r gloch y nos ond yna'n llenwi efo pobol ifanc yn siarad ac yn dadlau tan oriau mân y bore, uwchben gwydrau yn cynnwys dim byd cryfach na lemonêd. Ychydig yn uwch i fyny roedd Wancy's, lle gallech chi fwyta *epanadas* – pastis bychan yn llawn cig. Fe gawson ni gwmni Glyn Ifans, oedd bryd hynny newydd adael *Y Cymro*, ar sawl achlysur yn Wancy's, a mwynhau gwydraid o win coch efo'r bwyd i sŵn cryno-ddisgiau o Bryn Terfel a Dafydd Iwan yn canu yn y cefndir.

Cyrraedd Gwesty Tywi, ac yno ar y wal, prawf fod beirdd Cymru yn teithio ymhell iawn i glera. Englyn ar y cyd gan Twm Morys ac Iwan Llwyd, wedi'i sgwennu pan oedden nhw ar ymweliad â De America efo criw ffilmio:

> Nid tŷ ydyw Gwesty Tywi – ond gwlad
> a gwledd a chwmpeini
> a chân sy'n achau inni,
> a'r hen iaith, mae'n Gaer i ni.

Er mor flasus oedd yr *empanadas*, does dim i'w gymharu â'r *dulce de leche* – jam llaeth. Mae o fel cymysgedd o jam a charamel a gliw. Dyna oedd brecwast bob bore, coffi a lot o fara ffresh wedi'i daenu'n dew efo lot o jam llaeth.

Chwech o raglenni hanner awr, un Eisteddfod gyfan i'w darlledu'n fyw ar Radio Cymru, a deng niwrnod i gwblhau'r cwbwl. Doedd 'na ddim amser i'w wastraffu, ac fe gytunwyd y byddai Rhisiart yn mynd ati i drefnu ochor dechnegol yr Eisteddfod a chael gafael yn y bobol o'r Gaiman ac Esquel fyddai'n cyfrannu i'r darllediad.

Felly dyma alw tacsi i'r gwesty i fynd â fi i Drelew. Ar y ffordd yno, sylweddolais y byddai'n rhaid i mi gael tacsi i ddod yn ôl. Problem! *No hablo español*, ar wahân i ambell air yma ac acw. Felly, dyma ddefnyddio'r hen ddull Cymreig o siarad iaith dramor – dangos fy watsh, ac wedyn ysgrifennu'r rhif chwech ar ddarn o bapur a phwyntio at gornel y stryd. Ac yn wir, ddwy awr yn ddiweddarach, a finnau wedi gorffen holi perchennog garej yn Nhrelew oedd wedi'i eni ym Mhatagonia ond yn siarad Cymraeg yn berffaith, dyma'r tacsi'n cyrraedd. Dynes oedd tu ôl i'r olwyn. I mewn â mi, gan ddweud *'muchas gracias'* wrth eistedd i lawr. Fe'm lloriwyd yn llwyr gan ei hymateb, megis bustach gan *bolas* y *gaucho*:

'Chi ydi'r Cymro tal sydd isio mynd yn ôl i'r Gaiman, yntê?'

Ei henw oedd Lovane James ac roedd ei chyndeidiau wedi dod draw i Batagonia tua'r un pryd â fy nhaid, ond eu bod nhw wedi aros. Bellach, roedd plant Lovane hefyd yn siarad Cymraeg, diolch i gynllun a sefydlwyd ym 1997 dan nawdd y Swyddfa Gymreig lle'r anfonir athrawon draw i'r Wladfa i gynnal dosbarthiadau dysgu Cymraeg.

Y bore canlynol yn blygeiniol, tra oedd Rhisiart Arwel yn dal i freuddwydio ei fod o'n canu'i gitâr yn Stadiwm Maracana, roedd Gwyn a finnau ar ein ffordd yn y car bach coch ar draws y paith i gyfeiriad Esquel a Threvelin a Chwm Hyfryd, bedwar can milltir i ffwrdd. Mae R. Bryn Williams, yn ei lyfr *Croesi'r Paith,* yn disgrifio criw o Gymry yn mynd ar yr un daith ganrif a hanner ynghynt:

> Teithient dros ran o Batagonia lle na bu yr un dyn gwyn cyn hynny, yn ôl pob tebyg; y rhan honno o'r cyfandir sydd rhwng Dyffryn Camwy ar lan Môr Iwerydd a mynyddoedd yr Andes yn y Gorllewin... Yr oedd amryw o'r gwŷr ifainc mwyaf anturus wedi mentro allan ar deithiau ymchwil, nes i fintai drefnus o ddeg ar hugain ohonynt fynd ar daith dri mis a darganfod cwm yn Yr Andes a alwyd ganddynt yn Gwm Hyfryd.

Wrth i ni deithio ar hyd y lon darmác i gyfeiriad y gorwel, heb neb na dim o gwmpas ond ambell i *gaucho* ar gefn ei geffyl ac estrys ifanc a'i chywion yn brysio i'r gwyllt wrth i'r car fynd heibio, gallwn weld trwy'r ffenest y ceffylau a'r troliau yn gweud yr un daith flynyddoedd yn ôl ar draws y crindir cras, llwydaidd a didrugaredd. Mae gen i edmygedd wedi bod erioed o'r anturwyr hynny sy'n gallu wynebu'r posibilrwydd bod eu bywydau mewn peryg, ond sy'n ddigon dewr i frwydro 'mlaen a choncro'u hofnau. Ar fy nesg yn y swyddfa mae dyfyniad o hunangofiant Ellen McArthur, a hwyliodd o amgylch y byd ar ei phen ei hun yn bedair ar hugain oed: *'Courage is not about having the strength to go on – it's going on when you haven't got the strength.'* Heb os, roedd arloeswyr cynnar Patagonia yn ddewr tu hwnt, yn enwedig o gofio'u bod wedi dal ati i sefydlu'r Wladfa a cheisio gwireddu'r freuddwyd, er iddynt mewn gwirionedd gael eu twyllo i gredu eu bod yn hwylio i wlad yn llifeirio o laeth a mêl.

Rhyw hel meddyliau felly yr oeddwn i pan ddigwyddodd rhywbeth i'r car. Fe stopiodd yn stond – yn Rhyd yr Indiaid. Wrth lwc, roedd 'na garej yn Rhyd yr Indiaid, ond roedd salwch y car yn drech na gallu'r mecanic i'w drwsio felly doedd dim i'w wneud ond aros a gobeithio y byddai rhywun yn galw heibio ar ei ffordd i Esquel.

Ffoniais Rhisiart efo'r newydd drwg ein bod wedi torri i lawr, a chwarae teg iddo mi gydymdeimlodd yn fawr â ni yn ein picil. 'Wel,' medda fo, 'gobeithio dy fod ti wedi recordio beth sydd wedi digwydd ar gyfer y rhaglen.' Cynhyrchydd i'r carn. Llawn cydymdeimlad.

Rhyw chwe awr yn ddiweddarach, fe atebwyd ein gweddïau. Galwodd angel heibio. Dyna oedd ei henw – Angel, wir i chi – ac angel ar ei ffordd i Esquel. Roedd hi'n hanner nos erbyn i ni gyrraedd tŷ Rini Griffiths, chwaer René a ddaeth draw i Gymru yn y chwedegau efo'i gitâr a swyno pawb efo'r gân 'Mae Leusa fach yn dair blwydd oed'.

Er ein bod mor hwyr yn cyrraedd, doedd oen pasgedig yr *asado* ddim wedi cael ei fwyta yn gyfan gwbwl. Felly, dyma gael llond plât o'r cig oen tyneraf rydw i erioed wedi'i fwyta, efo gwydraid neu ddau o win, ac ar ôl recordio ychydig o sgyrsiau a chanu cân neu ddwy, roeddem yn falch iawn o weld y gwely.

Yn y cyfamser, 'nôl yn Nhrelew, drwy weiddi, bygwth,

canmol, diolch, perswadio, ac anwybyddu unrhyw un oedd yn meiddio dweud *'Mañana'*, roedd Rhisiart wedi llwyddo i drefnu ochor dechnegol y darllediad o'r Clwb Racing yn Nhrelew. O'r gyfnewidfa ffôn roedd 'na gebl yn mynd o bolyn i bolyn, o stryd i stryd ac o dŷ i dŷ, nes cyrraedd y Gampfa lle cynhelid yr Eisteddfod. Y cebl yma oedd yr unig ddolen gyswllt rhwng Trelew a'r stiwdio yn Llandaf, wyth mil o filltiroedd i ffwrdd.

Eisteddfod ddwyieithog sy'n para dau ddiwrnod ydi Eisteddfod y Wladfa, a than yn hwyr y noson cynt roeddem wedi bod yn recordio eitemau Cymraeg er mwyn eu darlledu yn ystod rhai o'r cystadlaethau Sbaenaidd.

Roedd gennym dair stafell fechan iawn wedi eu hadeiladu o gerrig, felly roedd raid taenu sachau ar y waliau er mwyn cael cyn lleied o eco â phosib. Ar y chwith i mi, roedd Edith Macdonald yn barod unrhyw bryd i ateb y cwestiwn y byddwn yn siŵr o'i ofyn yn aml iawn yn ystod ein darllediad: "A be sy'n digwydd rwan, Edith?' O'm blaen, ar fwrdd bychan, roedd dau chwaraewr disg-mini – un yn cynnwys sgyrsiau'r noson cynt a'r llall gerddoriaeth De America. Y drws nesaf i mi – efo Rhisiart – roedd Hector Macdonald, oedd wedi cynorthwyo efo'r trefniadau technegol.

Er ei fod yn gynhyrchydd profiadol iawn, fe fyddai'r Eisteddfod hon yn fedydd tân i Rhisiart gan y byddai'n rhaid iddo gymysgu'r holl sain yn y fan a'r lle – dim ond nad oedd 'na ddim fan, na llawer o le chwaith ar gyfer ymarferiad o'r fath.

Yn y drydedd stafell roedd 'na beiriant ffacs oedd yn derbyn negeseuon o Gymru i'w darlledu ar yr awyr.

I lawr yn y neuadd efo meicroffon bob un roedd Sandra De Pol (enillodd Fedal y Dysgwyr yn yr Eisteddfod Genedlaethol) a Gabriel Restucha, y ddwy yn barod i holi'r cystadleuwyr wrth iddyn nhw ddod oddi ar y llwyfan. A draw yng Nghymru, mewn stiwdio foethus, roedd Aled Wood â'i draed i fyny yn barod i ddarlledu'r cyfan...

'Noswaith dda. Croeso i Eisteddfod y Wladfa yn fyw ar Radio Cymru o Drelew. [*Cerddoriaeth De America.*] Wrth fy ochr i mae Edith Macdonald. Edith, be ydi hanes yr Eisteddfod?... Draw â ni at Sandra a Gabriel... Dowch i ni wrando ar un o'r cystadleuwyr ar y llwyfan neithiwr yn canu 'Ar Lan y Môr'...'

Oedd, roedd popeth yn symud mor llyfn a chyffrous â Catherine Zeta Jones yn dawnsio'r tango. Ac mae hynny bob amser yn arwydd fod rhywbeth ar fin digwydd – ac fe wnaeth, wrth gwrs.

Galwad gan Aled Wood o'r stiwdio yn Llandaf yn gofyn a oeddem yn sylweddoli bod y rhaglen yn cael ei darlledu mewn mono yn hytrach na stereo. Doedd Rhisiart ddim yn hapus. Os mai dim ond mewn mono yr oedd y gerddoriaeth yn cael ei darlledu, fasa'r ansawdd ddim hanner cystal. Ond sut i newid o'r naill i'r llall tra'n darlledu'n fyw? Er mwyn gwneud y newid, byddai'n rhaid datgysylltu'r cysylltiad â Chymru, ac yna ailddeialu llinell ffon i ailgysylltu â Llandaf.

Y penderfyniad oedd y byddwn i'n dweud yr amser, ac y byddai hynny'n arwydd i Aled chwarae cân Sbaenaidd o'r stiwdio yn Llandaf a fyddai'n cael ei darlledu i Gymru a'r Gaiman, ac yna fe fyddai gan Rhisiart bedwar munud – sef hyd y gân – i ailsefydlu'r cysylltiad tech-negol â Chymru mewn stereo.

Reit!

Deialu – dim cysylltiad. (Tri munud ar ôl.)

Deialu – dim cysylltiad. (Dau funud ar ôl.)

Deialu, deialu, deialu… O'r diwedd, a deg eiliad o'r gân ar ôl, dyma ailgysylltu – ac ymlaen â ni fel petai dim byd wedi digwydd!

Mae'n rhaid i mi gyfaddef bod ymweld â'r Wladfa a darlledu'r Eisteddfod yn fyw oddi yno wedi bod yn un o'r profiadau mwyaf cofiadwy yn fy hanes. Mi fyddwn wrth fy modd yn cael dychwelyd i Batagonia y flwyddyn nesaf (2005) pan fyddan nhw'n dathlu can mlynedd a deugain ers pan laniodd y *Mimosa*, a'r cant pum deg a naw o Gymry yn

> Troi'r tywod yn ardd flodau – Arloeswyr!
> Hwynt-hwy fydd arwyr haneswyr oesau.

23

Dwi'n cofio lle a phryd yr edrychais arni a'i *gweld* am y tro cyntaf. Roeddwn wedi mynd â hi adref o'r gwaith, a hithau wedi gofyn i mi fynd i mewn i'r tŷ am goffi. Daeth â'r coffi i'r bwrdd.

'Anja,' medda fi, 'Dwi'n dy garu di.'

'A dwi'n dy garu ditha,' medda hi, 'ac wedi dy garu di ers dipyn.'

Roedd ei hymateb yn sioc. Er ein bod wedi cydweithio ers blynyddoedd, ac yn ffrindiau, doedd gen i mo'r syniad lleia ei bod hi'n teimlo felly.

'Pam na fasach chdi wedi deud wrtha i, Anja?'

'Roedd yn rhaid i chdi ei weld o gynta.'

Mor syml â hynny. Ond wrth gwrs, tydi pethau byth mor syml â hynny, o bell ffordd, yn enwedig os ydach chi'n briod yn barod. Roeddwn wedi bod yn briod ag Eirianedd ers deuddeng mlynedd, ac wedi cael dau o blant, Ceri a Branwen. A rwan, roedd y cyfan ar fin dod i ben.

Dwi'n cofio ceisio dadansoddi beth oedd wedi digwydd. Ceisio darganfod yr ateb i'r cwestiwn 'Pam?' Hyd yn oed awgrymu i mi fy hun na ddyliwn i ddim bod yn teimlo fel hyn. Ond doedd 'na ddim gwadu'r teimlad oedd yn llosgi fel tân.

O fewn ychydig fe ddaeth fy ngwraig, Eirianedd, i amau bod 'na rywbeth o'i le, a chyfaddefais innau. Yn hytrach na'm lluchio allan o'r tŷ, awgrymodd y dylen ni geisio datrys y broblem ac achub ein priodas. Ond roedd 'na un broblem fach, sef nad oeddwn i'n gweld y ffaith fy mod wedi syrthio mewn cariad fel problem. Y broblem oedd fy mod yn gwybod ym mêr fy esgyrn nad oedd y cariad yma byth yn mynd i gwympo ymaith, ac nad oeddwn i *eisiau* cael gwared â'r teimlad chwaith, er mor boenus oedd o ar brydiau.

> Ac yna bob yn dipyn, mae'r darnau'n dod ynghyd,
> 'Ti'n deall sut i gael y gorau o ddau fyd;
> Mae'n dod yn haws deud celwydd sy'n swnio fel y gwir,
> A 'ti'n gwbod yn iawn fod dy gwpan yn llawn
> A'r ffordd o'th flaen yn glir…

Oeddwn, roeddwn i'n gweld y ffordd o 'mlaen i – ond ddim yn glir o gwbwl. Aed i weld ymgynghorydd priodasol ond roedd y craciau yn y plastar yn rhy ddwfn. Yn ystod y cyfnod yma, roeddwn yn dal i weld Anja yn y gwaith, a phan oedd cyfle'n codi y tu allan i oriau gwaith hefyd. Trwy'r amser, ei chyngor hi oedd i mi beidio â gadael Eirianedd a'r plant. Ond y gwir oedd fod y cariad tuag at Anja yn dyfnhau o ddydd i ddydd, a'r bwlch priodasol yn troi'n gagendor.

Y cyfnod gwaethaf i bawb oedd y cyfnod a ddilynodd. Roeddwn i'n teimlo mor euog oherwydd fy mod yn chwalu'r uned deuluol, ac er fy mod eisiau bod gyda Anja, doeddwn i ddim eisiau colli'r plant chwaith. Gadael i fynd at Anja. Dychwelyd i'r cartref at y plant. Gwneud penderfyniad. Newid fy meddwl. Mynd i Lundain am gyfnod i aros efo Geraint a Siân, dau o'm ffrindiau gorau ers dyddiau coleg, ar ôl penderfynu bod yn rhaid dod â'r berthynas ag Anja i ben – ond yna ysgrifennu llythyr ati, a hithau ar wyliau ym Malta, yn gofyn iddi a fyddai'n fodlon fy nghymryd yn ôl. Yn ddiweddarach, gadael eto, a'r tro yma cael lloches gan Gareth Lloyd Williams a Iona.

Roeddwn yn y fath stâd fel nad oeddwn yn gallu meddwl yn iawn. Derbyniais lythyr tair tudalen gan ffrind a chydweithiwr yn fy nghondemnio am y ffordd yr oeddwn wedi ymddwyn, ac yn gofyn sut y gallwn i ddymuno penblwydd hapus i rieni a phlant ar y radio tra oeddwn i'n llwyddo i wneud fy nheulu fy hun mor anhapus. Flynyddoedd ar ôl hynny, derbyniais ymddiheuriad ganddo am anfon y llythyr, ond dwi'n siŵr fod ei gymhelliad yn un gonest ar y pryd.

> 'Ti'n trio peidio gwrando ar y geiriau yn dy ben
> Sy'n cyffwrdd â'r gwirionedd sy'n gudd tu ôl i'r llen;
> 'Ti'n trio cau dy lygaid ar beth a sut a phwy,
> Ond 'ti'n gweld yn glir fod pob dim yn wir
> A bod y gwir yn brifo mwy.

Yn y pendraw, penderfynwyd y dylwn dreulio cyfnod yn byw ar fy mhen fy hun imi gael cyfle i ddwys ystyried goblygiadau unrhyw benderfyniad y byddwn i'n ei wneud o hynny 'mlaen. Felly, am y tri mis nesa, ro'n i'n byw mewn *bed-sit* yn Cathedral Road – Heol y Gadeirlan. Mae o'n swnio'n grand iawn, yn tydi? Wel, *doedd* o ddim ac mi oedd y bed-sit yn drewi.

I fod yn deg, doedd Eirianedd ddim yn gwybod ei fod o'n ddrewllyd. Ond credwch chi fi, mi oedd o. Dwi wrth fy modd efo ogla cyri'n coginio ond ddim am hanner awr wedi saith y bore. Daeth y tri mis i ben a dychwelais i'r tŷ, a gofynnwyd i mi a fedrwn addo y byddwn i'n anghofio am Anja. Fy ateb oedd na fedrwn, ac felly bu'n rhaid i mi adael.

Mae 'na bob amser ganeuon a cherddi sy'n gallu mynegi'n berffaith y profiadau mae rhywun yn eu cael mewn bywyd. Caryl yn dweud mor gofiadwy beth sy'n digwydd pan mae'r 'chwarae'n troi'n chwerw', a phetawn i'n fardd fel Twm Morys, dyma faswn i wedi'i ddweud ar y pryd:

> Mae twrw ei henw hi – yn fy mhen
> Ac mae hynny'n profi
> Bod y weiren heb dorri,
> Y mae hi'n fom ynof fi.

Gwyddwn na fyddai'r weiren oedd yn cysylltu Anja a fi byth yn torri. Gwyddwn hefyd y byddai fy mywyd yn ddarnau mân, yn ddiwerth hebddi. Ymhen yr wythnos, roedd fan tu allan i'r ty a finnau'n llwytho gweddillion fy mhriodas i mewn i'r cefn.

O dan yr amgylchiadau, bu Eirianedd yn hynod o deg ynglŷn â gadael i mi weld Ceri a Branwen, fy mhlant, unrhyw amser y dymunwn. Fe allai hi fod wedi ceisio gwenwyno'r plant yn fy erbyn. Mae o'n digwydd – defnyddio'r plant fel arf i wneud bywyd yn uffern i'r gŵr neu'r wraig a adawodd. Ond mae ysgariad ynddo'i hun yn ddigon o uffern i neb. Cofiaf i'r cyfreithiwr ddweud wrthyf, fel yr oeddwn yn darllen trwy wahanol gymalau'r cytundeb: 'Dyna ydi pris dy hapusrwydd di, ac mae o'n bris uchel'. Yr unig ymateb i hynny y gallwn i feddwl amdano y funud honno oedd fod pris anhapusrwydd yn uwch.

Pan oedd Ceri, fy mab, yn cael ei benblwydd yn ddeunaw oed, dwi'n cofio i ni fynd am bryd o fwyd efo'n gilydd i ddathlu i'r Armless Dragon yng Nghaerdydd. Gofynnais iddo ar ddiwedd y pryd bwyd pam nad oedd o na Branwen erioed wedi gofyn i mi pam y gwnes i a'i fam wahanu, a'i ateb, air am air, oedd: 'Dad, ry'n ni'n cael cariad gan Mam *a* phan y'n ni'n dod i dy weld di ac Anja, felly mae popeth yn iawn.' Dwi ddim yn credu weithiau 'mod i'n haeddu cariad felna.

Ymhen blwyddyn, roedd Anja, sy'n enw Iseldireg, wedi newid ei chyfenw o van Bodegom i Evans – plaen iawn. Iseldirwr sydd bellach yn 88 oed ydi Paul, fy nhad yng nghyfraith, a gŵr y mae gen i feddwl mawr ohono. Os ydi S4C yn chwilio am stori garu o gyfnod yr Ail Ryfel Byd i wneud ffilm ohoni, mae'r sgript gen i – stori Paul, neu 'Paul Dutch' fel roedd o'n cael ei alw, a Dilys o Borthmadog.

Adeg y rhyfel roedd Paul yn aelod o'r Commandos ac yn ymladd yn erbyn yr Almaenwyr, ond yma yng Nghymru yr oeddan nhw'n ymarfer, ym mynyddoedd Eryri, neu'n ffug-ymosod ar gestyll Cricieth a Harlech. Tra oedd o ar un o'r ymarferion hynny y gwnaeth o gyfarfod â Dilys, ac ar ddiwedd y rhyfel fe aeth y ddau i fyw i'r Iseldiroedd. Ond doedd Dilys ddim yn hapus yno felly 'nôl â nhw i Gymru, ac i Brestatyn i fyw.

Gan ei fod yn estron yng Nghymru, dim ond dau ddewis oedd gan Paul – gweithio ar y tir neu o dan y tir, ac fe aeth i weithio i bwll glo Y Parlwr Du am rai blynyddoedd. Ond er mwyn cynnal y teulu, roedd o hefyd, ar ôl gorffen ei shift, yn mynd o gwmpas tai Prestatyn yn cadw'r gerddi'n daclus ac yn gweithio mewn becws. Ymhen amser aeth ati i wneud ei fara ei hun a'i werthu o gwmpas yr ardal, a thrwy chwys ei wyneb a digon o asgwrn cefn a dyfalbarhad fe ddaeth yn ddyn busnes uchel ei barch yn y gymdogaeth.

Trwy'r amser, roedd Dilys yno'n ei gefnogi gant y cant, fel y mae ei merch yn gymaint o gefn i minnau. Roedd gan Dilys ddiddordeb mawr yn fy ngwaith fel darlledwr a byddwn wrth fy modd yn mynd allan yng nghwmni'r ddau, ac Anja, am brydau bwyd i Westy'r 70 Degrees ym Mae Colwyn, yn nyddiau'r Prawn Cocktail, y syrloin stêc a'r Black Forest Gateau!

Gan fod Anja yn un o bump o blant – Paul, Adrian, Corina, Paula a hithau – mae'n naturiol rywsut ein bod ninnau'n dau wedi magu teulu mawr. Yn wir, 'dan ni ddim yn dathlu penblwyddi yn ein tŷ ni – yn hytrach, 'dan ni'n cael cyfrifiad bob pum mlynedd. Mae 'na bedwar o fechgyn, ac wedyn yr hufen ar y deisen, Anya, neu Shwshi fel mae hi'n cael ei galw.

Bydd fy ngwraig yn amal yn adrodd y stori amdani hi'n mynd allan i siopa (syrpreis syrpreis!) a ffrind yn ei gweld ac yn gofyn iddi faint o blant oedd ganddi. 'Pump,' meddai Anya. 'Nage, Mami,' meddai Shwshi, 'saith'. Mae'n bur debyg bod y ffrind yn synnu nad oedd Anja'n siŵr iawn faint o blant oedd acw ond mynnai Shwshi mai saith o blant oedd ganddi, gan ychwanegu: 'Beth am Ceri a Branwen?'

Iddi hi, un teulu mawr ydan ni. Ac mae hi'n iawn. Dydi Anja erioed wedi cael ei galw'n llysfam, ac mae Owain, Huw, Siôn a Tomos yn ystyried Ceri fel brawd mawr, a Branwen – neu Bwdi, fel mae hi'n cael ei galw – fel chwaer fawr. Dyna pam mae cinio dydd Sul yn gymaint o hwyl. Pan fydd pawb o gwmpas y bwrdd, yn siarad ac yn chwerthin, mae'n rhaid ichi weiddi'n uchel iawn os ydach chi isio mwy o grefi a thatws rhost.

Ddwy flynedd yn ôl, priododd Ceri â Leila yn Bournemouth, ac er ei fod o wedi'n gwahodd ni fel teulu i'r briodas, doedd Anja ddim yn siŵr a ddylai hi fynd. Ond roedd Ceri'n mynnu ei bod hi'n dod ac mi lwyddais innau i'w pherswadio – ac fe aeth. Er bod Anja a fi wedi bod yn briod ers ugain mlynedd, hwn fyddai'r tro cyntaf iddi hi ac Eirianedd gyfarfod, ac roedd Anja'n poeni gan ein bod i gyd yn aros yn yr un gwesty.

Beth bynnag, ar fore'r briodas roeddem fel teulu yn rhyw loetran ar waelod y grisiau yn y gwesty, ychydig bach yn nerfus. Daeth Eirianedd i lawr, a'n gweld. Cerddodd yn syth atom ac meddai wrth Huw: 'Mae'n amlwg mab pwy wyt *ti*.' Plygodd yntau ymlaen a'i chusanu'n ysgafn, a gwnaeth y plant i gyd yr un fath yn eu tro. Geiriau Anya y ferch ar ôl i ni i gyd fod yn siarad am dipyn oedd: 'On'd dyw mami Ceri a Bwdi yn neis?' O enau plant bychain...

Priodas i'w chofio ar sawl cyfrif oedd priodas Ceri a Leila, ac fe fydd 'na le i ddathlu eto ym mis Chwefror 2005 pan fydd Leila a Ceri yn cael eu plentyn cyntaf. Tydi'r amser yn hedfan? Dim ond hanner can mil o eiriau sydd wedi mynd heibio ers i mi gael fy ngeni yn Ysbyty Dewi Sant, a dyma fi'n mynd i fod yn daid. Ac mi ydw i'n edrych ymlaen yn ofnadwy.

Ers i mi ddechrau sgwennu'r llyfr yma, ac ailedrych unwaith eto ar fy mywyd, dwi wedi dod i sylweddoli pa mor lwcus ydw i mewn gwirionedd. Mae gen i waith sy'n rhoi pleser dyddiol i mi a chydweithwyr ymroddgar, teulu nad oes mo'u tebyg yn y byd, a ffrindiau da. Argian fawr, be fwy mae neb isio?

Mae gen i ateb i'r cwestiwn hwnnw hefyd – aros yn 'arian byw' bytholwyrdd. Fel bydda i'n deud yn amal, dwi'n fodlon mynd yn hŷn ond dwi'n gwrthod mynd yn hen. Y broblem sydd gen i ydi y bydd raid imi ryw ddydd wynebu'r ffaith fy mod i, o'r diwedd, wedi mynd yn hen. Ond erbyn hynny, dwi'n gobeithio y bydda i mor hen fel na fydd dim ots gen i pa mor hen fydda i!

Dros y blynyddoedd, mae'r arian byw yn y baromedr wedi dangos tywydd teg a thywydd stormus, a phwy a ŵyr nad oes 'na eto gymylau'n cuddio y tu hwnt i'r gorwel. Ar hyn o bryd, beth bynnag, mae'r tywydd yn braf.

Dwi'n gobeithio y bydd y baromedr yn aros lle mae o'n ddigon hir i mi gael gwneud tri pheth:

Yn gyntaf, teithio o amgylch Cymru efo cwmni i actio mewn clybiau a theatrau. Er 'mod i wedi cael fy hyfforddi mewn coleg drama, dydw i 'rioed wedi actio go iawn (ar wahân i'r ymddangosiad gwefreiddiol wedi 'ngwisgo fel babi mewn clwt mawr efo seffti pin mwy yn un o bantomeimiau enwog Theatr Felinfach.) Mi faswn i wrth fy *modd* yn mynd ar daith. Mi alla i weld John Ogwen a fi fel *The Odd Couple*...

Wedyn, curo Arfon Haines Davies ar y cwrt tennis. Mae gen i fwy o obaith gwneud y cyntaf na'r ail.

Ac yn olaf, cario 'mlaen i wneud yr hyn dwi wedi bod yn ei wneud ers 1964 – dal i wrando ar bobol ddifyr Cymru'n siarad.